U0928675

有故事的中国人

Chinese with Stories to Tell

中国大山里的海伦·凯勒

◎李柯勇 著

新世界出版社

NEW WORLD PRESS

图书在版编目（CIP）数据

中国大山里的海伦·凯勒 / 李柯勇著. -- 北京 : 新世界出版社, 2017.3

ISBN 978-7-5104-6133-0

Ⅰ. ①中… Ⅱ. ①李… Ⅲ. ①刘芳－传记 Ⅳ. ①K825.46

中国版本图书馆CIP数据核字(2017)第010906号

中国大山里的海伦·凯勒

作　　者：李柯勇
策　　划：张海鸥
责任编辑：乔天碧
封面设计：永诚天地
丛书logo设计：魏芳芳
装帧设计：书香传承
责任印制：李一鸣　黄厚青
出版发行：新世界出版社
社　　址：北京西城区百万庄大街24号（100037）
发行部：(010) 6899 5968　(010) 6899 8705（传真）
总编室：(010) 6899 5424　(010) 6832 6679（传真）
http://www.nwp.cn
http://www.nwp.com.cn
版权部：+8610 6899 6306
版权部电子信箱：nwpcd@sina.com
印刷：北京京华虎彩印刷有限公司
经销：新华书店
开本：880×1230　1/32
字数：100千字　　　印张：6.125
版次：2017年3月第1版　2017年3月第1次印刷
书号：ISBN 978-7-5104-6133-0
定价：42.00元

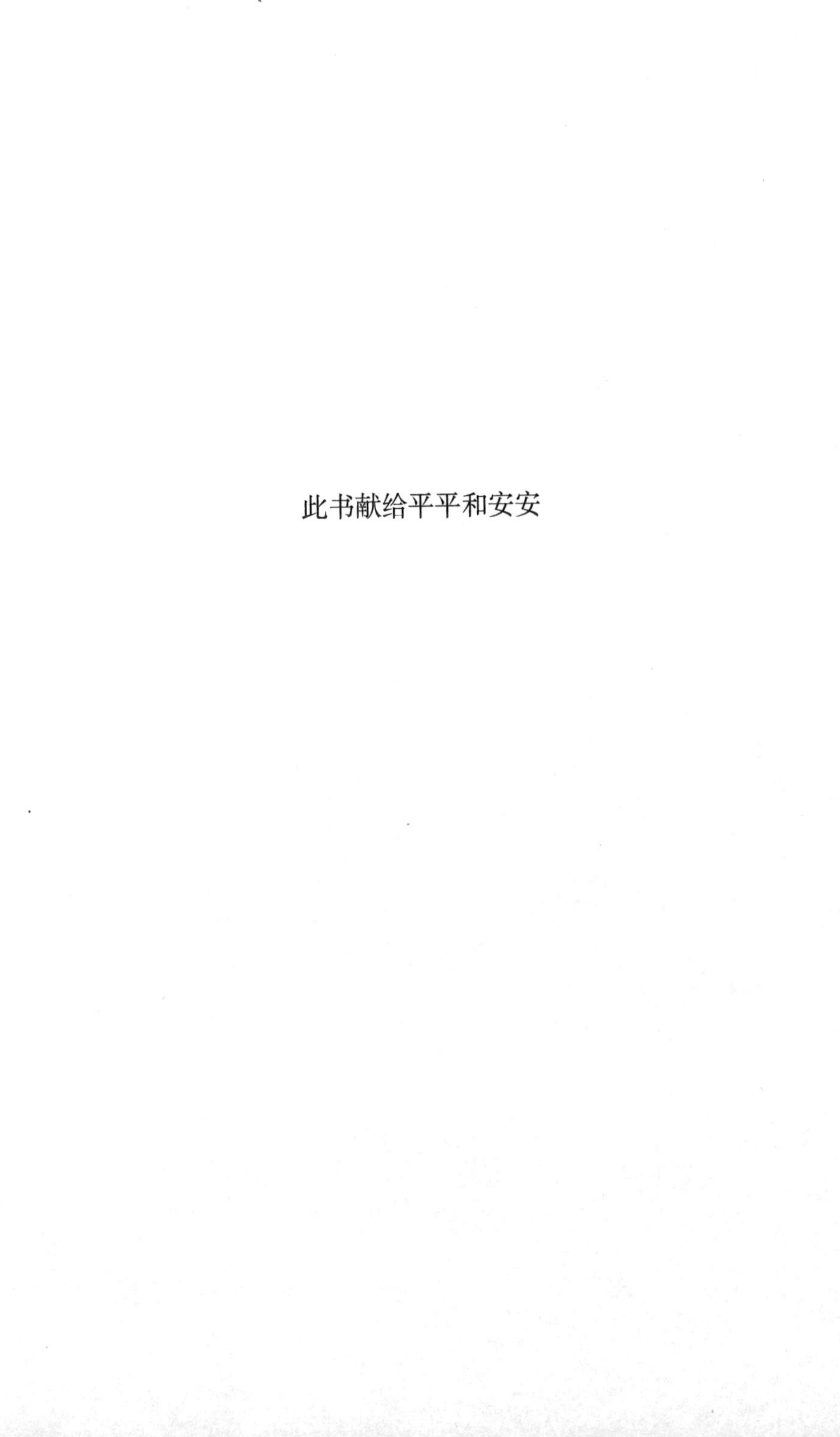

此书献给平平和安安

序

从自己的世界看别人，也许会错误地认为这个世界太过熟悉，反而没了什么新鲜感。当我透过别人的眼睛看自己，却发现了新的世界。

偶尔在生活中，我的名字前会被加上各种修饰，有的说是“大山的脊梁”，有的说是“中国大山里的海伦·凯勒”，有的说是“大山里的一朵野菊花”……当我一个人静下来的时候，会提醒自己：我叫刘芳，我还是我。

在光明包裹下的黑暗，就如同寒霜包裹下的野菊。我也许是一个可爱的人，但我更乐意做享受寒霜的那朵倔强的花。我不觉得冷，但我希望你们能感觉到这片景色又美了几分。

人们乐于欣赏美景，我也一样，不同的是大部分人看的是景，我却喜欢闭上眼感受脚下的路——虽然它偶尔踩起来不那么踏实，却丝毫不影响我和周围的人一样洋溢着陶醉的笑容。我人生的路，踩起来确实是有些不同，在黑暗里摸索前行，总是走到不一样的泥泞里。不过，最后一脚踏上了农村教育的台阶，我喜欢这个让人踏实的目的地。

多年扎根农村教育，我谈不上是“燃烧自己”，只是做着自己喜欢做的事情，最后无意间被别人从黑暗中发现了如萤火般的一点微光。后来，我从小城市走出去，接触到以前只能在文字里读到的世界，接触到更多的人，获得了更多的关注和帮扶，我将这些温暖表露于微笑，深藏于内心，而依旧不断充实着自己，依旧做着分内的事，依旧力所能及地帮助他人。

当天色渐暗时，我会慢慢产生困意，最终陷入熟睡；当太阳升起时，我会在它的温度中醒来。我也像其他所有人一样周而复始地活着，但是我有很多想说的话，想冲着大海声嘶力竭地呼喊，想对着我爱的人呢喃轻语，想与志同道合的人高谈阔论，想对温暖我的人说声谢谢……但所有的话最终又变成了脸上的微笑。

没有人知道我有多爱这个世界，我又有多想感受不同的世界，我想续写我所有的故事，诉说我世界里的每分每秒……

读者诸君，你们读到这里时，我不得不坦白了：上面这个“我”不是我。听说我要给这本传记写个序，我的儿子朱巍然——就是书中的“阿牛”——立刻打开电脑，就坐在我身边，以我的口吻敲了一段，就是以上这些文字。

当他读给我听时，我非常诧异，又得到了生命中一个新发现。我知道儿子爱我、理解我，但还从没听到他说过这样的话。他对于母亲的理解，比我以为的更深。从这字里行间，我分明感受到，他对我的关注、解读、保护，远比我所知的更多。对儿子的理解不够了解，这让我这个做母亲的深感内疚。

阿牛的文字又给了我认识自己的一个新角度。从习以为常的生活中发现新鲜的东西，这是多么快乐的一件事啊！以“母子同写”的特别方式完成这篇序，又是另一件新鲜事。我很愿意以自己的感触作为阿牛文字的补充——

记得第一次给学生讲海伦·凯勒的《假如给我三天光明》时，我还看得见这个世界。当时，我感动于她生命力的顽强，感慨于她内心的细腻敏感，但是从未把自己的命运跟她联系在一起。似乎，她是属于另外一个世界的精灵。

那时我想配一副墨镜，眼镜店老板热情地给我介绍了一款，说是“海伦·凯勒牌”的。我忍不住笑了出来，怎么用一个盲人的姓名来做眼镜品牌呀？这能好卖？老板却正色道：“有时候品牌打造的是一种精神，海伦·凯勒不就是一种属于全世界的精神品质吗？”听得我很惭愧。

时光如水。大约二十年后，我遇到新华社记者李柯勇，他跟踪采访我五天后写出一篇通讯，题目就是“中国大山里的海伦·凯勒”。现在，他写的我这本传记仍然以此为题。这是怎样的一种巧合啊？这些令人惊叹的巧合，就是人生之河最美妙的浪花吧？

我也读过一些人的传记，他们要么是古人，要么是伟人，要么是贤人、能人，要么就是逝去了的人。当听说李柯勇要为我写一本传记的时候，我又惊又喜，我何德何能，值得这么耗尽心力？哦……是不是早了点呢？他说，我看中的就是你的平凡，一个看不见的平凡人，却活出了看得见的不平凡。

面对面采访之后，他又对我补充采访了一个月，通过微信和电话录音。以前，我只觉得不能在父母、医生、警察和老师面前撒谎，现在才知道，也不能在记者面前胡说八道。他的提问，有时候让我滔滔不绝，有时候却想逃离开去，不想把那些伤疤揭开来，有时候说着说着就哽咽了，放下电话时泪如雨下。他不知道，在他的追问下，我又似乎把四十多年的人生从头来过，好几次我都要窒息了。原来，卸下伪装的我这么不堪一击。

在坚强乐观、幽默诙谐、健康快乐的包裹下，我有自卑，有怯懦，有悲愤，有邪恶：幼年的乡下留守，青少年时的辛苦劳累，独生子女的孤立无援，眼病突如其来的沉重打击，婚姻家庭的不善经营，父母老无所养、孩子慢慢长大成人的担忧害怕，职业中不堪重负的患得患失……就这样，我向这个其实还并不熟识的人敞开了自己的心路历程，毫无保留。然后，他和我一起静默下来，倾听，思索。

我们试图找到一个答案：是性格、宿命、机遇，还是抗争让我走到今天的呢？

作为这本书的第一个读者，我深受触动。李柯勇写得很精彩，但最可贵的是记述的真实可信，他希望写出一个完整的我。当然，最后呈现出来的仍然不是最完整的，因为有些事还难以尽述。我也常常反省，我所描述的自己的历史，在多大程度上是被我主观地选择了、洗白了、掩藏了、装饰了？也许，真相永远是无法百分之百客观还原的吧，我们只能做到努力接近罢了。

一个李柯勇眼里的我，一个我自己心里的我，一个想展现给别人看的我，这三个我在这本书中得到了融合。有的人会看到我的勇敢面对，有的人会看到我的笑颜如花，有的人会看到我的痛苦纠结，无论哪一个我，都是真实的我。

有了这本传记之后我就有所不同了！在我众多活着的理由里，又多了一份信心，一个希望。万一哪天我重新看到了这个世界，我就可以捧起这本小书，从欣赏的角度看看自己了。

刘　芳

2017年3月

目录 | CONTENTS

第一章

从光明到黑暗

新华社记者姚竣译摄

老天，你这是在欺负我，欺负我啊！我看不见了你有什么好的？天亮了，我不知道，黄昏了我也不知道。我怎么走路？怎么做饭？怎么看书？怎么画画？怎么带孩子？你太残忍了，太无情了，太冷酷了吧！

整整十五年，刘芳从光明走向了黑暗。

从 1992 年开始，她就有一点“夜盲”，光线一暗就看不清东西。但她完全没有在意。那时，她还是个快乐单纯的大学生，正就读于贵阳师范高等专科学校中文系。

这个苹果脸、身材娇小的姑娘似乎有无穷的好奇心，绘画、写诗、书法、唱歌、跳舞……样样都学，样样都行。笑，是她的身份标识。还没见人影，先听到远远传来一串笑声，大家就知道，是刘芳出场了。

第一次参加迎新生晚会，她自创了一出双簧，自己写剧本，然后头顶扎一根“冲天炮”式小辫子登台表演，乐翻了全场。从此一发不可收，在校内大大小小的文艺活动中出尽风头。

她蹦蹦跳跳，活力四射，似乎生命中从来没有过一块阴影，每个人、每件事、每个地方、每一分、每一秒都洒满了阳光。她从没有想过，也不相信自己会变成一个盲人。

1993 年毕业，她被分配到贵阳市白云区第三中学，当上了一名初中语文教师。这是她喜欢的职业。她本来就爱写作，跟孩子们一起写，带给了她更多的乐趣。每次给学生布置完作文题，她自己也会按那个题目写一篇，并拿到课堂上和大家比赛。她批改作文的方式与众不同。别的老师就是在学生的作文本上给一个分数，写一段评语，而她除此之外，还会画一个卡通脸谱，表明自己的总体印象——一个笑脸，笑得特别灿烂的，代表“非常好”；次一点的，就是个微笑；当然还有没什么表情的、嘴角紧绷的、瘪着脸的、表情痛苦扭曲的，意思就是“不咋样”以及“很不咋样”。兴致一来，她有时还给脸谱头上画个鸡冠子，或者画上两个羊角辫。学生们都看得很开心，每次作业本发回来，总是急急忙忙打开，想看看刘老师给自己画了个什么脸谱，当然，最希望看到那个嘴巴咧得大大的笑脸。

因喜爱而投入，刘芳才想出了这么多可爱的花样。可是，渐渐地，她再不能轻松地画出一个笑脸了。

她的视野开始变窄，缩成扁筒状，目光好像被拘禁到一只望远镜里，两侧的东西都看不到了。到 1997 年，她眼前闪起了“水波纹”，看世界像是隔了一个鱼缸。银色的、金色的、蓝色的光圈，一圈一圈荡漾开来，像一朵造型繁复的花，层层花瓣不断绽开，美得令人目眩神迷，然而，那是一朵名副其实的“恶之花”。

两个女友陪刘芳去了医院。一番检查之后，医生叹了口气，让她先出去，她的两个女友留下。过一会儿，两个女友出来时眼圈都红红的。刘芳被一种不祥的预感死死地缠住了，头皮发紧，嘴里发干，腿发软，心跳加速。定了定神，她往里面走，两个女友都没能拉住她。

见到医生，她勉强笑了笑说：“大夫，你能告诉我具体情况吗？我想知道实情，我有心理准备。是不是癌症呀？”她声音有些颤抖，想忍，但是没有忍住。

医生低下了头，想了想，然后抬起头来说：“不久的将来，你就是个盲人……”

刘芳怔怔地听着，医生的每一句话都像一根钢针，深深地插在

了她会疼的地方。她的心猛地一沉，一个炸雷在额头炸开了，先是金光一闪，接着眼前一黑，仿佛魂魄在爆炸声中破碎了，散得到处都是，阻隔了她的视线，她只觉得医生的声音在空中飘荡。

身后，两个女友哭了，可是刘芳还没有回过神来，她万念俱灰，却没有掉泪，反倒笑了，安慰她们："医生都说了，只有百万分之一的得病几率。我的运气哪有这么好？"

她的病名叫"视网膜色素变性"，到目前为止在全世界都还属于不治之症。

后来在眼部CT的检查中发现，她的眼底黄斑不能代谢，只能堆积，像一粒粒黄水晶堆在一起，灿烂无比，这就是那朵"恶之花"

的真实形态。进一步检查表明，刘芳的一对眼球里集中了各种疾病：角膜粗糙、晶体混浊、白内障、趋光变性、高度近视、黄斑变性、视神经萎缩、眼压过高……这在医学上非常罕见。直到现在，她每隔两年还要去贵阳医学院做一次全面检查，不光为了治病，还作为一个稀有案例被研究、存档。

那一年，她只有二十六岁，结婚还不到两年，儿子才八个月大。精彩人生似乎刚刚开演，难道就要这样剧终了吗?

当她艰难地把病情告诉父母之后，父亲沉默了，一直用手支撑着头，似乎沉重得抬不起来。母亲默默走开，进了卧室，好半天都没有出来。刘芳知道，她悄悄抹眼泪去了。过了好半天，父亲站起来说：“丫头，想吃鱼不？我去买。”说完起身出去了，几分钟后又回来，说是忘记带钱包了。刘芳分明看到他的眼圈红着。

刘芳踏上了漫长的寻医问药之旅。贵州当地的医院都看过了，就去外省，昆明、武汉、广州，看了西医又看中医。“我吃过的中药，都能用卡车拉。”她后来说，有一次，她吃过一种中药后突然变得很胖，大把大把地掉头发，流鼻血。她顽强地坚持着，始终不相信自己真的会变成盲人。

一次，她抱着很大的希望去了昆明一家医院，结论照旧是“无法医治”。走出医院时，原本阳光普照的天空突然就洒下雨滴来，越下越大。雨中的“春城”昆明像座大花园一样美，刘芳却悲从中来，心里在流泪。

她默念：老天，你不公，你不公啊，我做错了什么，你要这么折磨我，惩罚我！明明是晴朗的，你偏要下这雨，让人误以为你弄错了时间，弄错了地点，都弄错了。应该是想吹一阵风的，吹过了就过了，也许是想送一朵云来的，也弄错了。明明我是看得见的，你偏要用这雨挡住。你明明知道我的视野很窄，看不宽广，你明明知道我的视力很近，看不了多远，你明明知道我没有余光，偏要用这雨把我包裹起来，让我看不清楚这个世界！老天，你这是在欺负我，欺负我啊！我看不见了你有什么好的？天亮了，我不知道，黄昏了我也不知道。我怎么走路？怎么做饭？怎么看书？怎么画画？怎么带孩子？你太残忍了，太无情了，太冷酷了吧！

那些年，不知有多少次，她在雨中泪水长流，不打伞，不穿雨衣，就让自己被雨淋透。她要问天，她要抗议，她要释放，她要爆发！

也许哪天睡醒一觉就突然好了呢？她有时想，这只不过是噩梦一场。或者，将来老了，眼球就会慢慢弹回去，就好了，就像有些近视眼那样。她甚至怀疑，是不是什么时候外星人辐射过我？哪一天，UFO还会再来拯救我……

她不愿意接受同情。有时看不清路摔倒了，一定要自己爬起来，而不要别人搀扶。她陪女伴们逛街、健身、减肥，一切都努力做得像正常人一样，让别人看到的一面永远是阳光普照。甚至直到2006年，同事们都极少有人知道她快失明了，还以为她只是近视。

最先察觉到问题严重的是她的学生们。上课时，不止一次有学生提醒她："刘老师，你把书拿倒了。"起初，他们还以为老师在跟他们开玩笑，检验他们听课是否专心。后来，他们发现，刘老师根本就没有看书。为了不影响授课，刘芳把初中三年所有古文都背了下来，而每篇现代文都烂熟于心，把几大本厚厚的讲义全都装在了心里，这样讲课时就不需要看课本，而是信手拈来。

板书的问题更加明显。原来，刘芳的板书是全校最好的。她负责全校八块板报的更新，用八种字体和画风去写，写完之后就成了八件精致的艺术品。如今视力下降了，她还努力凭感觉维持着板书的工整，可是常常会写得歪歪斜斜，字都叠在了一起。她在讲台上写，学生小声在下面提醒："往上往上……上多了，再往下一点……"

她的脸“腾”地一下红到了耳根。

有一次，她正在写着，不知不觉走到了讲台边缘，一脚就踏进了旁边的垃圾桶里，人仰马翻。学生们急忙奔上去，扶她起来，说：“老师，你最后两个字都写到墙上去了。”

然而，她爬起来，拍拍身上的灰尘，吐舌头扮个鬼脸，继续站上讲台，继续写下去。

多年后，她的学生回忆说：“在我们的青春记忆里，刘老师歪斜叠加的板书，是最美的画面。”

在父母面前，刘芳也极力表现得轻松愉快，有时磕着、碰着、摔着、烫着，她从来不说，小心翼翼地把那些淤青和伤疤遮盖起来，假装一切都在自己的掌握中。

所谓坚强，另一面其实常常是逃避，她没有勇气面对残酷的现实。但无论多么坚强，痛苦却总像一条躲在暗处的蛇，不时会游出来，啃噬她的心。

夜深人静时，刘芳常常咬着被子角，哭得浑身抽搐。她纠结，挣扎，忽而充满希望，忽而坠入绝望，忽而觉得无所谓，忽而又沮丧不堪。孩子和丈夫，是她想得最多的。孩子那么小，却有一个失明的母亲，多可怜？可是只要孩子在身边，她又忘了一切痛苦。丈夫有时对她好一点，她就什么都不怕；有时言语上稍有些不耐烦，她就担心，他是不是嫌弃我了……

的确有人开始嫌弃她。

以前，校长很看重她，因为她多才多艺，能说会唱，能写会画，校长经常叫她参与一些课堂之外的工作。可是大约从 2001 年开始，校长发现她的视力明显下降，态度就变了。“眼睛不好就下岗呗，教不了书就滚蛋呗。”说这话时，甚至不回避刘芳。

2006 年，刘芳申请评职称，拿着材料去找校长，两个同事陪她一起去的。校长翻了翻材料，忽然问："你怎么进我办公室的？""两个老师牵我来的。""把她们喊进来。"那两位老师一进门，校长劈头盖脸就是一顿训斥："你们为什么牵她？"一个老师说："因为她找不到你的门。"校长说："你们不能牵她，牵她就是惯着她！"两位老师很气愤："你怎么能这么说话呢？刘老师眼睛不好。"校长说："眼睛不好？这么多年，我也没见她让车撞死嘛。"

羞辱，像刀子般割在心头，但是也从另一个侧面惊醒了刘芳。她忽然意识到，有一个问题，不仅旁人说不清，她自己也从来没有冷静思考过——一个盲人，究竟还能做什么？

连自己失明都不愿意承认，何谈做什么呢？

那一年，她去办了个残疾证，正式承认：我是个盲人。

其实，得知病情后，她已经在有意无意地为这一天的到来做准备了。从1997年起，她用两年时间去学了绘画，只为将来能记住这个世界的样子。她听说，人失明之后十五年，就会忘掉所有的形状与色彩。

她学素描、水彩，还学沥粉贴金——先用笔在纸上勾出线条，再做个漏斗，把胶泥漏上去。那是一件很考眼力和耐心的活儿，而她比从前观察得更细致，描摹得更用心，她想把这个世界画进自己的心里，留待将来在黑暗中回味、揣摩。她画狂奔的马，画昭君出塞，画万紫千红的花。画得最用心的是一只猫头鹰，生着黄、褐、灰三色相间的羽毛，站在枯枝上，背景是深蓝的夜空，最动人的是那对眼睛——又圆又大，仿佛能看穿一切黑暗。

视野一天比一天变窄，视力一年比一年模糊。

2001年，她读了最后一本纸质书，是《笑傲江湖》。

2006年，她看到最后两个字，是课本封面上的"语文"。

当时她坐在办公室里，对着那两个字看了又看，却只见两个黑团，再也分辨不清。她就呆坐在那里，无限伤感。

比起白昼，刘芳更喜欢夜晚。夜晚她可以沉入梦乡，在梦里，她什么都看得见，能捡鸡蛋、捞鱼，还捡到过金子。2007 年前后，她经常做一个相同的梦，梦见自己在走夜路。天黑了，怎么也找不到回家的路，忽然一抬头，望见满天繁星，像一颗颗璀璨的钻石缀满蓝缎子般的夜空。她急忙抓着身旁的人，奔走相告说，明天一定是个好天气！

这一年，她完全被黑暗包围。

当时有段视频拍到了刘芳某一次下课的情景——学生们都放学了，教室里空空荡荡。刘芳从讲台上拎起包，摸索着走到门口，拉开门，似乎下意识地回头又看了一眼其实已经什么都看不到的那片空间，随手带上了门，很沉重的一声——“咣”。

第二章

孤独的颜色

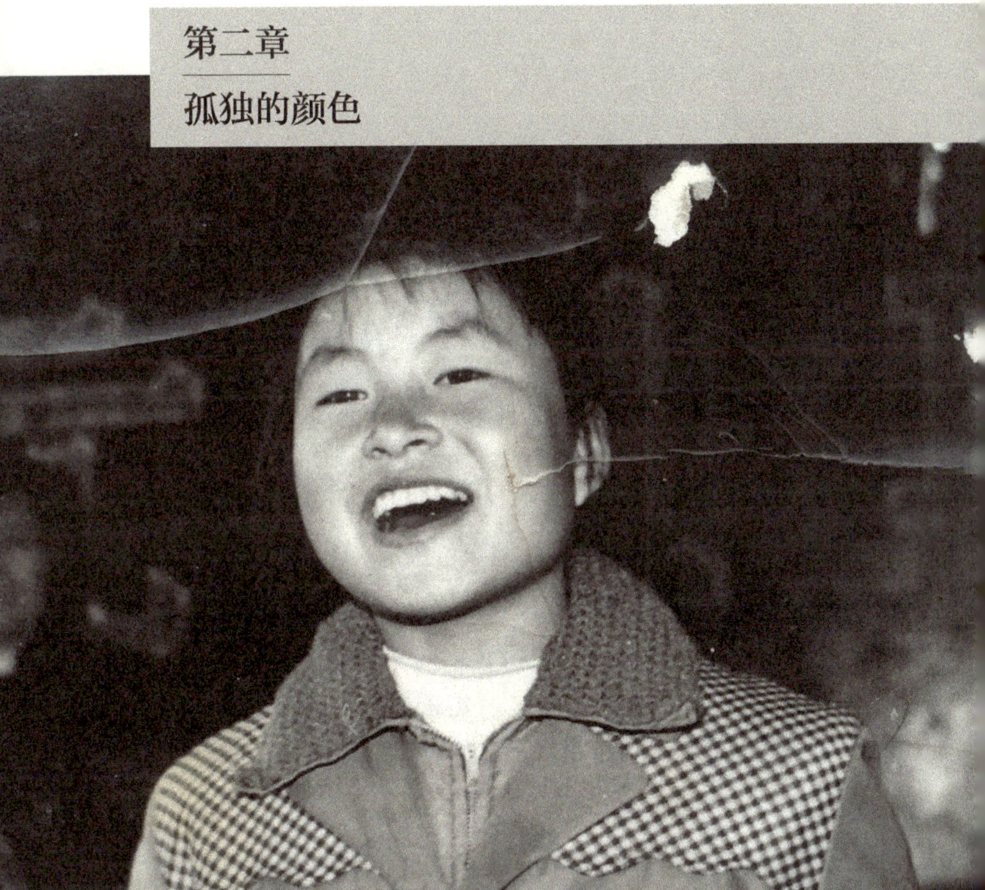

孤独是什么颜色？对刘芳来说，是一种版画般简约而粗砺的色调，被岁月冲刷得褪去了艳丽，却已刻入生命的每一道纹理。

1971 年 8 月 26 日，刘芳出生在湖北省黄州县（今黄冈市黄州区）一个农村家庭。她记忆中最初的童年色彩，是孤独的颜色。

大约三岁时，她常常搬个小板凳，独自坐在家门口，面对着一片种着枣树的空地，一坐就是半天。有时过往的大人会骗她："你爸妈回来了！"她急忙往巷口跑，跌跌撞撞跑过三四十米长一段土路，跑到大路边去，向远处张望。

大路在辽阔的平原上延伸。夕阳下，极远的人像一些小黑点在蠕动。刘芳眼巴巴地望着他们走近，盼着出现自己熟悉的面孔。有人骑车过来了，经过身边，不是爸爸妈妈。有手扶拖拉机"突突突"地开过来了，坐的也不是爸爸妈妈。还有三三两两的行人慢吞吞走过来，又慢吞吞地走远，都不是爸爸妈妈……最后，她只好失望地独自走回家去。

可是，改天人家再骗她，她仍然会相信。对于一个幼小的孩子，孤单是那样沉重，连谎言都成了她的希望。

她父亲刘四喜原是黄石县第七冶金建设公司的一名工人，从她很小的时候起，就被派到千余公里之外的贵州省参加"三线建设"。"三线建设"，指的是自 1964 年起中国政府展开的一场大规模国防、科技、工业和交通基本设施建设，覆盖中西部十三个省区，主旨是

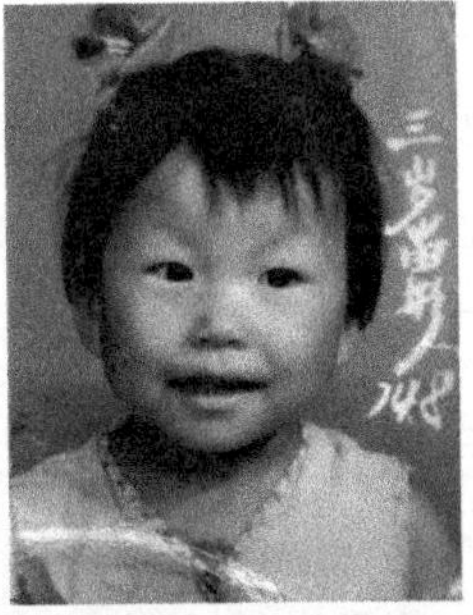

成长的点滴

在当时紧张的国际局势下加强战备。那是一次力图改变中国生产力布局的战略大调整，是中国经济史上一次极大规模的工业迁移，历时十六年，投入四百万工人、干部、知识分子、解放军官兵和上千万人次的民工。刘芳的父亲便是其中普通的一员。有时母亲去贵州探望父亲，就把刘芳留给奶奶或外婆照料。

像村里其他农户一样，刘芳家住的是土坯房，房顶盖着茅草。

土坯是用从江边挖来的泥土打成的，一些小小的钉螺也被打在了里面，刘芳喜欢把它们从墙里挖出来，挖出了螺壳，墙上就留下一个小洞。她的另一大乐趣是找到比钉螺肥大的田螺，抠掉螺肉以后，在螺壳的顶部钻个小孔，用线串上，一根线串几十个，团成球状，当毽子踢。她的家乡没有山，烧柴主要靠稻草。每年从夏天开始，奶奶会让刘芳去拾梧桐的落叶当柴火——把一根细麻绳系在铁钉上，像针线那样将一片片宽大的叶子串在一起，有时候能串好几米长。刘芳扛在肩上，身后像是拖了一条大尾巴。每当有这样的收获，她就很有成就感。

对那时的孩子们来说，最有诱惑力的是合作社。在计划经济物资贫乏的年代，他们常常溜进合作社，把脸紧贴在柜台侧面的玻璃上，眼馋地盯着里头的白砂糖、水果糖、塑料梳子、小镜子，鼻子都挤扁了。刘芳印象最深的是水果糖，一打开糖罐的盖子，那浓浓的甜香几乎能把人熏醉。最重要的是，水果糖不仅“可望”，而且是“可及”的，比如可以拿蝉蜕来换。刘芳跟着一些大一点的孩子，到处去找树上的蝉蜕，用竹竿挑下来，拿到合作社，举到高高的柜台上去。售货员点一点数目，就会从罐子里倒出糖来，一只蝉蜕可以换三颗水果糖呢！

有时父亲从贵州回来，也会带给刘芳一些有趣的东西。有一次带来一只玻璃球，很大，淡绿色的，里边有气泡。刘芳爱不释手，可是玩着玩着就滚到一片丢垃圾的草丛里去了，怎么也找不到，她的大拇指还被一根生锈的铁丝扎破了。伤口很快就感染、发黑了，打了二十针青霉素以后，村医建议带她去县城医院，把大拇指切掉。幸好，指头最后保住了，却留下了一个永久的伤疤。

亲情缺失的原因之一是，刘芳是那个年代中国家庭里很少见的独生子女。她始终不明白，为什么别人家都有很多孩子，而她只是一个人。她因孤单害怕流过很多眼泪，不喜欢一个人睡，愿意跟别人挤在一张床上。她最爱回外婆家，每次回去，她的脚就几乎不会着地，老是被人抱着，从一个人手里传到另一个人手里，大舅、小舅、大姨、二姨、三姨、大表姐、二表姐……她是那么向往大家庭的气氛。

她特别怀念外婆那条一年四季不离身的大围裙。围裙上有两个很大的荷包，里面装了许多小孩子爱吃的零食，有花生、西瓜籽、黑芝麻条，还有那种爱掉糖渣的金果儿。外婆在灶台前烧火做饭，经常把孙子辈一个个叫到跟前，从大荷包里抓一把塞给他们，然后总不忘加上一句："我的乖伢，我是最疼你的。"于是每个孩子出来都欢天喜地地说："老太太最疼我了。"她的大围裙就是每个孩子的向往，尤其是在那永远都填不饱肚子的岁月。后来日子好过了，逢年过节，八仙桌上都摆满了好吃的东西，但外婆的大围裙里仍然藏着好吃的，她习惯了把她的爱装在那儿，然后又一把一把地递给第四代和第五代的伢们。

刘芳回忆说，寒冷的冬天里，外婆偶尔闲暇时也烤烤火，坐在一个老式藤椅里，头发整整齐齐地向后拢着，大围裙下是一个老式的陶制烘笼。她把手捂在烘笼上，伢们就围在她身边，听她讲故事，说笑话，或者是静静地看她打瞌睡。冷了，伢们也把小手伸进她的大围裙，里面暖烘烘的，她就抓了他们的手捂在烘笼上。过一会儿，外婆会用一个小棍拨弄烘笼里的草灰，一股馋人的香味飘散出来，那里埋着烤熟的花生，就这样烫烫的分给围在她身边的伢们吃，一人只有几颗，还不够喂嘴里的馋虫。她总是喜欢这样"变戏法"，冬天里围着她就等于围着温暖、围着安详。

孤独是什么颜色？对刘芳来说，是一种版画般简约而粗砾的色调，被岁月冲刷得褪去了艳丽，却已刻入生命的每一道纹理。

正因为孤独，她特别珍惜自己得到的哪怕一点点爱，特别依恋给予她爱的人。也因为孤独，她很早就学会了自立，养成了在困境中不气馁、不灰心的韧劲。

五岁时，她跟着母亲离开湖北，追随父亲定居贵阳。那是1976年，她印象特别深的是，来了不久，就见人人都戴一朵小白花，因为周恩来总理逝世了。她当然还不懂得那意味着什么，只是发现，自己很快就要学着做家务了。才六岁，她就会做一些简单的饭食了。九岁，就会蒸包子、蒸馒头、炒菜、包饺子了。而买菜、洗衣服、扫地更是每天的必修课。在中国改革开放大幕拉开之际，她的母亲成了工厂家属大院里第一个个体户，每天从早到晚都要照料小生意，刘芳就必须开始分担家务了。时代变迁之风，从中国的各个角落吹起，也吹到了这个幼小的孩子。

她母亲朱富民是一个很要强的人，自幼是过继给别人家的。朱富民小时候生病，全身溃烂，快死了，被丢在院子里的鸡笼上。那是当地习俗，小孩病得严重就丢到鸡笼上，也许会得到什么神灵照拂，如果神灵不照拂，那就只好自生自灭了。就在这时，一个女邻居来串门，看到了鸡笼上的女孩。这个女邻居身体不好，曾经生过十三个孩子，却一个都没能活下来。于是她说："让我来试试吧，要是治得好，这孩子就给我当女儿吧？"女邻居用了一个民间偏方，捉来癞蛤蟆，丢到灶膛里，等烧糊了，把皮碾成粉，冲水给女孩喝，再把肉给她吃下去。如此以毒攻毒，居然就把病治好了。这样，这个女邻居就成了朱富民的养母。也许是由于童年的磨难，造就了朱富民顽强的个性。用刘芳的话来说，母亲暴躁、敏感，不通情达理，不善解人意，而另一面是特别能干，能说会道，好强，不服输，永远都要走在别人前面。在20世纪七八十年代，在贵州那样一个偏僻角落，她敢先人一步尝试市场经济，便是这种性格的明证。

在湖北老家时，朱富民是一名小学民办教师，到贵阳追随丈夫，就没了工作。她便和其他四个没有工作的妇女合开了一家小吃店，卖油条，卖煎饼果子、豆浆。开始只卖早饭，后来全天营业。那时，这样的小馆子在当地还很少见，所以生意很好，顾客往来不绝。刘芳除了做家务，也常被母亲叫到店里帮忙。后来，开店的合伙人从五个减到了两个，刘芳要做的活儿就更多了。有一件每天必做的事是磨豆浆：早上把一大杯黄豆泡到铝盆里，晚饭后就淘洗开净，用一盘小石磨去磨。刘芳一直磨到十八岁考上大学，右臂明显比左臂粗壮。

朱富民要强，也逼着女儿像自己一样能干。她是个不折不扣的"虎妈"，教育方式是最简单粗暴的打和骂。刘芳犯一点小错误，母亲就会打屁股、揪她脸，还骂她的脸"大得像块砧板"。刘芳洗衣服洗得不干净，母亲会丢在地上，让她重新洗。刘芳形容那时母亲的目光中有"剑气"，可以"秒杀"她。上初中前，刘芳犯了错，常被罚跪，一跪就是几个小时，直到双腿麻木僵直。最后，常常是父亲拉她起来，偷偷说："妈妈出去了，你快起来吧。"

有一件事，刘芳在心里藏了许多年，从未对外人启齿。

从七八岁起，她去小吃店帮忙，不时会遭到进进出出的男人动手动脚。从无知到恐惧，她内心留下了一块很大的阴影。尽管他们并没有对她的身体造成伤害，但每次都让她像丢了魂一般惊慌。很长时间，她都不敢告诉父母，怕他们不相信。直到十六岁，刘芳终于有勇气对父亲讲出来，父亲沉默了好几天，从此再不让她去店里了……

在逆境中成长的人，很多最终都被逆境同化了，即使不被吞没，也常遭受侵蚀，而刘芳却始终保持着心底那一簇灵明。

上了学，她不仅学习成绩出色，而且只要有文体活动，就一次不落地参加。唱歌、跳舞、小品、相声、田径比赛，处处少不了她。不论做什么，她都决心做到最好。上体育课，跑步喊口号，就她喊得最响，把嗓子喊哑了还在喊。值日扫地，即使其他同学都跑光了，没有老师监督，她也会独自扫得干干净净，把每一张桌椅都摆放整齐。

高中三年，她一直都主动承担劳动委员的职务。文科班女生多，干部子女多，男生中懒虫多，她觉得自己是一个来自农村、根正苗红的“有为青年”，就应该是模范和榜样。一次，要清理一个污水沟，她喊谁都喊不动，干脆把鞋一脱，裤脚一挽，自己跳进去，一个人把那条沟解决了。高中她得了三枚“优秀团员”的铝制奖章，保存了很多年，至今还偶尔拿出来欣赏一下。每次摩挲五角星旁边的金色光芒，她心里都十分满足。

不管在哪里，她都希望自己像一团小火苗，放射出一点光明和温暖。那时她总梳着齐耳短发，精神而干练。她爱打抱不平，幻想自己是“女侠”。

高中时，有个男生追她的一个“闺密”，写情书，送项链，找各种机会套近乎，可是那个女生一点也不喜欢他。刘芳看得怒火中烧，有一天放学，就把这个比自己高出一头的男生堵在了教室里。别人都走了，刘芳就指着鼻子教训他：“你这种行为，就叫耍流氓！”男生起初左顾右盼地不搭言，可是刘芳训得起了劲：“人家一点都不喜欢你，你干吗还缠着人家？阿飞！小瘪三！除了会去外头跟人打架你还会干啥……”

只见男生一脸黑线，脸色越来越阴沉，目光蒙上了一层寒霜，突然“腾”地跳起来，似乎想打人。刘芳吓得往后跳了两步。男生一把拎起书包，故意用胳膊肘撞了她一下，火冒三丈地跑出去了。刘芳发现，他拎着书包的手在颤抖，这才后怕起来，心怦怦直跳——“女侠”可不是那么好当的，差点就被打一顿了呢！

刘芳始终都有英雄情结，1983 年曾立下志愿，要嫁给老山前线战士，特别是那些失明的、缺胳膊少腿的。她最崇拜的是眼球被炸出来仍坚持指挥战斗、最终率部攻占敌方高地的“一级战斗英雄”史光柱。多年后，自己也已失明的刘芳在残联组织的一次活动中遇到了史光柱，拥抱了一下，感觉他胖胖的，已经发福了，再不是当年在电视上看到的硬瘦体型。

英雄也老了，刘芳想。她差一点悄悄告诉他：当年，我想嫁给你来着。

第三章

爱情的颜色

恋爱

她的爱情故事没有华美的色彩，却像一条清浅的小溪，那似乎可以一眼看穿的透明，曾经让她觉得那么安心。

失明后，刘芳觉得自己就像一只毛毛虫，肥胖，慵懒，无奈，背上的几根毛刺代替了敏感的神经，蠢笨地感知着这个世界，经常躲在树叶下悄悄地哭泣，大口地咀嚼着多汁的嫩叶，以填饱空虚的内心。

肥毛虫般的女人很羡慕其他强大的健全的虫子，因为他们能做她想做而不能做的事，比如读书、写字。他们读着她爱读的书，写着她爱写的字，心情好的时候也读给她听，心情不好的时候，忙碌的时候，看完了就丢在一边。无人时，她会默默地把那些书本捧起来，闻着墨香，流着口水，然后就很想哭。有时候，她也听电视，听收音机，听MP3，但是，那感觉就像一个饥渴的旅人穿越沙漠时没有带足够的淡水，喝到一小口却不解渴，总是不如自己捧着书那样自然而自由、幸福、满足。她怀念能自己读书的时光，那时，亲眼看着一个个有关联的字、有意义的句子、有情感的段落，就如同穿越一片繁茂的森林，或是游弋于清澈的小溪。

而现在的她，只能蜷缩在一片树叶下，听路人的只言片语，往脑袋里装一些思想的碎片。毛毛虫也有自己的情感世界，不敢奢求，却又患得患失，有谁会在乎一只毛毛虫的爱情呢？

她理想中的爱人是一棵大树，而她的爱情应该是一棵常青树，她可以绵绵不断地在树上吐丝结茧。可是，她疑心自己正在失去一切，只剩下的几片赖以生存的树叶，还在陆续凋零。

“春天到了，我能不能也长出一对小小的翅膀，飞走？”她自问。

读初三时，有一次班主任把她找到办公室，一脸乌云：“你早恋了？”

“是呀。”她脱口而出。

“为什么？”老师反被她的坦白打了个措手不及。

她很无辜地反问：“不是你规定的吗，让我们每天早上锻炼？我每天早上绕着操场跑三圈。”

此“炼”非彼“恋”。当时学校要求学生锻炼身体，口号是“跑到北京去”。刘芳在班主任面前装傻充愣，但那时，她的一颗少女之心已经开始萌动了。

那是一段清纯而青涩的感情，其实算不上恋爱。她和心仪的男生连手都没牵过一次，也从来不曾眉目传情，可是两个人心里有着微妙的共振。直到刘芳十八岁生日那天，才收到他写来的第一封信。拆开看时，前面的内容都还好，最后两个字却吓得她心胆俱裂——“吻你”。

她把信藏在怀里，塞进衣服最里层。不行，鼓鼓囊囊的。又翻出来，藏在书包最底下。可是上课一掏书，信掉出来了，她急忙拾起来，做贼般向四周瞟了又瞟。犯了愁：藏哪儿呢？藏进书皮里。那时学生都用牛皮纸包课本，她就把信塞进书皮和封面的夹层。还是不行，塞面上鼓着，塞底下又垫着。她拿回家，鬼鬼祟祟地塞进枕头里面，怕被妈妈发现，又放进棉被里层……整整一个月，她提心吊胆，心神不宁。

终于，一天晚上，她揣着信悄悄溜出家门，找个偏僻的角落，借着月光又把信读了一遍，特别把最后两个字好好看了两眼……哦，三眼。她的脸一直是火烫火烫的，如果那时有人用灯照一下，看到的肯定是个“紫茄子”。

她长出了一口气，划着一根火柴，把信点燃了。火苗跳动，那两页纸卷曲、变黄、变黑，迅速缩小，最后化作一团火星，飘散在朦胧的夜色中。

刘芳真正的初恋，是她的丈夫朱军。

1993 年 8 月 5 日，她上班后半个月，媒人把朱军领到她家里来。刘芳约了一个远房亲戚，也是个年轻姑娘，陪自己一起相亲。后来朱军告诉她，自始至终，他就没搞清要谈的是哪一个。大家边聊边吃西瓜，刘芳发现朱军吃西瓜不吐籽，觉得很奇怪。后来他说，当时其实是没找到吐籽的地方，又不好意思问。谈得差不多了，朱军告辞离开，出去的时候却走错了门，竟然进了储藏室。那间屋里有块隔板，上边放着一袋子面粉，他一头撞上去，扑了一脸白面。刘芳喊：“错了！”朱军羞得满脸通红，手足无措地逃跑了。刘芳努力憋着笑，心想，挺憨厚的嘛！

朱军是一名工人，似乎挺有情趣。认识了三天，他就抱了一把破吉他来“波波”乱弹，说会弹《爱的罗曼史》，后来又吹笛子，还练书法，向刘芳借小说读。这正对刘芳的胃口，她始终都是个“文青”，一直想找一个略通琴棋书画的家伙为伴，这一下可算找到志同道合者了。只是，她渐渐发现，这位“同志”是打了折扣的。

刘芳说，你教我弹吉他吧。朱军说，难着呢，别异想天开了。而刘芳发现，他弹《爱的罗曼史》，从来没有超过前三个小节。而等她自己学会弹《献给爱丽丝》的时候，朱军就赶紧把吉他送给了别人，说弹吉他没意思。他改吹笛子，那笛声高亢得像驴叫，刘芳实在听不下去了，哀求道，快别吹啦！

练书法，朱军说这可以修身养性，要苦练一辈子。那气定神闲

新婚

的样子，让刘芳心生崇敬。可是，他们相处三年，刘芳看他一共只练了四个字“一、二、三、正”。

朱军来借小说时，刘芳把自己最喜欢的《简·爱》拿给他。她觉得自己命运中有一部分像简·爱，心中盼望，他要是我的罗切斯特多好啊！她跟他大谈书的结构及文采，他只是点头“嗯嗯嗯”。婚后刘芳才发现，那本书朱军从没翻过第二页，还振振有词：“上班那么忙，我哪有时间管外国人是怎么恋爱的……”

其实，朱军并不像初见时那么老实。他第一次吻她时深情地说，她是他的初恋，这是他的初吻。而当刘芳第一次见到未来的婆婆时，老人家说：“我们家小五谈了三次恋爱了，那三个姑娘都没有你好。”那一晚，刘芳整整哭了一夜，这可是她的初恋啊！

受了骗，并没有影响刘芳的感情，那些小小的谎言更像爱情趣事。

最让她感动的是，当时她已经开始出现夜盲症状了，可是朱军没有嫌弃，晚上走到哪儿都紧紧牵着她的手。她觉得，这个男人可以依靠。

1994 年随父母回湖北老家过年时，刘芳带上了朱军，她希望自己的选择能得到亲人们的认可。他们一家一家去串亲戚，每一家都用最高规格接待这位未来的女婿，就是给他上一碗面——那不是一般的面，而是排骨莲藕汤煮出来的，略红的浓汤簇拥着滑软的面条，上面摆两块炸成金色的糍粑、一只白里透黄的荷包蛋、两片翠绿的青菜，再插上一支肥嫩的鸡腿……一端上桌，满屋飘香，每次都把朱军撑得肚歪。

在冬日的长江岸边，他俩携手散步。雨季时宽得无边无际的江面，此时消瘦了很多，平静的江水默默流淌着。在萧瑟的寒风里，刘芳特别渴望一个温暖厚实的胸膛。

她顿了顿，若有所思：“朱军，你真的会对我好一辈子吗？”

朱军双手扶住了她的肩头：“会，真的！”随后，轻轻地吻了她的额头。

刘芳心里一热，曾经的犹疑、徘徊层层瓦解，就像这堤岸，柔软细密的沙土在浪花拍打之下寸寸崩塌，终于被江水卷走了。

结婚时，他们住的是工厂里一套老瓦房，租的，一室一厅一厨，没有厕所。一排平房有五家，总共有十多排这样的老房子，门前屋后都有大水沟，厨房抵着别人家的屋檐，卧室抵着别人的厨房。门前有一条仅供两个人并肩走的小路，路过谁家都有老人跟你打招呼。他们请朱军的工友帮忙翻了瓦，涂了墙，抹了地皮，换了玻璃，刷了油漆，房子就焕然一新了。

打炉灶的师傅感慨道："现在用老平房作新房的年轻人没有几个喽！现在住这的大多数是跟儿女分开住的老年人。看来你们手头太紧了哈，要不然就是父母不同意这门婚事不给钱，可见你们爱得很深嘞！"

朱军的脸就沉了下来："好好干你的活儿，话咋个这么多呢！"

刘芳捅了捅他："人家师傅是开玩笑的，关心咱们呢，没有说我们是私奔的就不错了。"

朱军一听，也笑了。过了好一会儿，他说："老婆，你等着，不久的将来，我一定让你住上楼房。"

那时他俩工资加在一起每个月才七百多元，照这样攒下去，一辈子也买不起商品房。可是，刘芳使劲对他点了点头。"心若在梦就在"嘛，生活总是有盼头的。

一个闷热的夜晚，下雨了，瓢泼般的雨水倾泻在房顶上。刘芳已经睡了，突然，好像有一滴水掉到了脸上。她吓一跳，迷迷糊糊地推醒丈夫："你看看，是啥掉我脸上啦？"朱军哼哼唧唧地醒了，打开灯，左右前后地张望，迷迷瞪瞪道："没有啊，你做梦啊，睡吧。"

"吧嗒"，他的头上也掉了一滴。他猛一抬头："完蛋了！漏雨了！"

刘芳一看，只见新刷的屋顶被雨水浸湿了一块又一块，像斑点狗的花皮。他俩跳起来，跑出去把被子丢在沙发上，再拿脸盆和水桶，跑回来放在床上漏雨的位置，屋里就响起了清脆的滴答声，此起彼伏，像钢琴跳动的音符。

俩人没有懊恼，反倒相视而笑，兴奋得瞌睡全醒了。他们各占一个沙发躺下，开始聊天气，聊学校，聊厂里，聊买房子，聊孩子——那时，刘芳已经怀孕了。在生男生女的问题上，他们发生了分歧。朱军想要男孩，刘芳却爱女孩，说着说着就赌起气来，各自把头扎在枕头上，谁也不理谁。

沉默了一阵子，房里滴水的声音越来越刺耳，让人心烦意乱。朱军爬起来，把毛巾放在盆里桶里，脆脆的“咚咚”声就变成了闷闷的“噗噗”声。

再过一会儿，朱军认输了，爬起来，拍了拍刘芳的后背：“你想生啥就生啥吧，生气对孩子不好。睡吧，孩子他妈！”

刘芳气顺了，心情顿时好起来，甜甜地睡去。

她的爱情故事没有华美的色彩，却像一条清浅的小溪，那似乎可以一眼看穿的透明，曾经让她觉得那么安心。

平凡的爱，给了她平凡的幸福。

第四章

生活的颜色

2015 年 9 月 28 日，当学生们完成课堂作业时，刘芳来到学生们中间
新华社记者王全超摄

有人问我
看不见了你害怕吗
我说害怕
因为那不是闭上眼睛等待一次甜蜜的亲吻
而是拥抱之后找不到爱的停顿

刘芳爱逛书店。甚至失明之后，刘芳还常去逛书店。打开一本书，把脸埋进去，深深吸一口，当墨香弥漫胸腔，那字字句句就仿佛飞了出来，如萤火虫般环绕着她，让她沉醉不已。

1976 年，刘芳从湖北老家来到贵阳市白云区第一天，路过了四棵树。当时母亲指给她看，那还不太浓密的绿荫下有一座漂亮的小房子，白墙红瓦，左右对称，正门上方有四个字，刘芳只认识第二个字“华”和第四个字“店”。门两侧有对称的黄色墙面，墙上写了些字。大一点了，她才知道那是新华书店，那墙上写的是毛主席语录。

当年那四棵树只有碗口粗细。她还记得，树皮是青白色的，上面起了很多绿色的晕圈，一圈一圈的像巨大的指纹。树叶棱角分明，春天里毛茸茸的一片绿色，到了秋天就是一片金黄，树杈上还会结一些红沁沁的果子，大概是法国梧桐吧。

她每次路过这里，总要伸出一只手来，从第一棵树摸到第四棵树，然后又从第四棵树摸回第一棵树，最后鼓足勇气走进那个书店。书店的地势有些低洼，三面墙都立着书柜，售货员与顾客之间又隔着一圈玻璃柜台，里面摆着许多书。她最爱趴在有小人书的那个柜台，把整个脸贴在玻璃上，鼻子被压得扁平，就像在老家的合作社里看水果糖一样眼馋。如果是冬天，玻璃上就被孩子们呵出了一层水汽，她就用袖口擦干净，继续看，一排都看过去，玻璃台面就被她抹得干干净净。有时候，售货员会呵斥几声："又不买，在这里挡天挡地的。"刘芳便羞红了脸，吞着口水灰溜溜地离开，但这绝对不会打击她下次再来的勇气。出了门，她把那四棵树又摸了一遍，才回家。

此后四十年来，刘芳从幼年到少年、青年、中年，历经人生风雨，遍尝喜乐哀愁，那四棵树也一年年地长高、变粗，晕圈也越来越大了。她从新华书店里陆续买过许多书，而后来书店被洪水淹过一次，房子日渐陈旧，在四周拔地而起的楼群衬托下，像个小老头一样越来越显得萎缩、苍老，最后终于被拆除了。唯有那四棵法国梧桐，愈发高大、葱郁，树下变成了新一代孩童嬉戏打闹的场所。旧城区改造，马路拓宽，沿路一些房子都拆掉了，大树却留了下来，被一小块船形的隔离带圈在了路中间，舒展的枝条继续在风中摇曳。

再后来，刘芳看不见了，只能偶尔用手摸一摸那褶皱嶙峋的树干，仿佛触摸着一段崎岖不平的人生。她回忆着自己与这四棵树的各种交集，树皮上的每一块凹凸、树枝上的每一根线条、树叶上的每一点光泽，似乎都比光明之中更加清晰。

就像这四棵树一样，生活中有那么多平凡而美好的记忆。从1993年7月22日进入白云三中到1997年查出眼疾，那四年是刘芳的快乐时光。对于这个刚刚迈出校门的年轻姑娘来说，一切都是那么新鲜，那么有趣，那么充满希望。

比如，那次家访——

一个秋高气爽的周末，一群年轻老师骑着自行车，叮叮当当地向山里进发，到几公里外的一个乡村去做学生家访。各色的太阳帽

2001 年，视力已经开始下降的刘芳和儿子阿牛在一起

和新旧不一的草帽混搭在一起，各式的 T 恤和夹克里兜满了风，车轮和沥青马路之间发出“刺啦刺啦”的声音，一伙人呼朋唤友，欢声笑语。大部分人都是单人单车，但那时刘芳还不会骑车，只好让一个男同事带着。那是辆 28 加重自行车，看起来雄伟而皮实，出发前大家都戏称为“豪华车”，刘芳风风光光地侧坐在后架上。

一下沥青路、上了沙石路，情况就不妙了。坡越来越陡，路越来越颠，他们俩越来越慢，眼看着其他同事都在前面不见了踪影。上一个坡的时候，这位男老师开始猛烈地喘气，臀部、大腿都吃着劲，费力地扭动着。他动作太大，“嘎吱”，自行车车座居然被扭掉了。俩人下来，往回安，怎么也安不上去。为了不耽误时间，男老师干脆撅着屁股继续骑，那根光秃秃的钢管就支棱在他屁股底下，看起来十分危险，十分滑稽。又一个颠簸，一只脚踏板掉了。然后，另一只也掉了。随即，铃铛也掉了……刘芳的抱怨像锤子一样锤在男老师汗湿的背上："天！我的天！这就是你借来的豪华大车呀？！"话音未落，一辆大货车轰然而过，沙尘淹没了一里路，等他们从困境里逃离出来，汗水就变成了泥浆。气还没喘匀，只听"噗噗"两声怪响——车胎爆了……

失魂落魄的两个人只好开步走，男老师扛着破车走在前面，刘芳在后面跟着，手里拿着掉下来的车座、脚踏板和铃铛。等到他俩找到大部队时，众人看着他们这副狼狈相都诧异了三秒钟，然后就笑倒了一片。

而刘芳却惊喜地发现，自己置身于一片壮观的橘园，满山都是果树，繁茂的叶子里坠满了金黄色的果子，而同事们所站的树下，到处都是橘子皮。

一个同事掂着一个大橘子扔给刘芳，说："野生的，野生的！没人管，来来来，随便吃啊随便吃！"还没等她动手，大老远有人吼骂过来："大白天的偷东西，强盗啊，你们！"

只见一个农民奔过来，满脚的黄泥，一脸的愤怒，手里擎着一把锄头。气氛一下子紧张了起来，所有人的表情都凝固了——有的手里拿着橘子，有的一瓣橘子停在唇边，有的躲在别人背后，有的衣兜里鼓鼓囊囊……每人身上都有"罪证"。

还好，有位男老师比较沉稳，拍了拍手上的灰尘，从人群里走出来，笑着说："老哥，我就是本地人，带一帮老师特意来你家买橘子，喊了半天没人答应，我们就在这里等你。你家橘子好甜哦！"

大家连忙巴结讨好似的点头帮腔道："嗯嗯，好甜！真的好甜！"

那位男老师接着说:“这一棵树的我们都要了，地上的橘子皮我们捡起来数个数目，斤两也要算在里面。”

听说是老师，橘园主人脸色缓和了下来:“那你们派个人跟我去拿秤来吧。”

这次“橘子味的家访”，足足让大家谈论了一个月，快乐了一个月。

再比如，那次晚会——

有一年年底，刘芳带的一个初三班的学生们派班长来请求，说这是他们在白云三中的最后一个元旦了，同学三年，分手在即，总要找到个理由欢聚一次留下个纪念什么的。“老师你最善良啦，最通情达理啦，开开恩，让开个晚会吧。”刘芳拗不过这群娃的纠缠，答应了下来。

于是，每个学生凑三元钱，同时开始准备节目。这是未经学校批准的擅自行动，一切只能悄悄地进行。一天，刘芳正在寝室里烤火，班长怒气冲天地来告状了:“刘老师，有七个人不交钱，气死我了。有四个人说先欠着，慢慢还，还有一个说他绝对不吃大家的瓜子，只看节目，你说他的脸皮有多厚啊！”刘芳听着就笑了:“这很简单啊，那七个人的我先垫上，另外我也出三十元，我是大人吃得多！”班长激动得手都拿不住钱了，鞠了个躬，一溜烟跑下楼忙活去了。

晚上六点钟，刘芳带着特邀嘉宾、自己的男友朱军出现在教室门口时，吃了一惊:彩色的皱纹纸把教室装点得很有节日气氛，每个人面前都堆着如小山似的花生瓜子，旁边还有一个苹果和一个香蕉。

孩子们流着口水在等老师，因为激动，小脸都涨得通红。班长声音嘶哑，用教鞭控制着局面，时不时点击那些企图偷吃的家伙的“贼手”。一见刘芳，就像见了救星一样，很多人央求:“班长，可以吃了吧？可以吃了吧？老师都来了！”班长累得够呛，大声喊道：“掌声欢迎老师入场！”掌声一过，所有的手都伸向了瓜子，元旦晚会终于在半失控的状态下开始了。

满世界都是“咔嚓咔嚓”嗑瓜子的声音和“嗡嗡嗡嗡”交头接耳的声音，节目在这些声音的缝隙里断断续续进行着。有唱歌的，唱的是 BEYOND 的《光辉岁月》，听不出来是哪家子的粤语；有跳舞的，紧张得只晓得盯着脚尖，舞姿不知道是在打摆子还是在抽筋儿，有很多次两个人步调不一致就撞个满怀；有讲笑话的，没有人听得清楚他在讲什么，他自己倒笑得满脸通红直不起腰来了……

大家正玩到兴头上，突然一片漆黑，居然停电了！各种声音顿

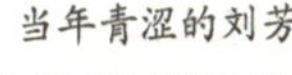

当年青涩的刘芳

时戛然而止。刘芳着急了，朱军马上站起来，在黑暗中冷静地说："谁都别乱动，我去想办法，马上就回来！"学生们就像得了军令一般安静下来。

不一会儿，朱军回来了，怀里抱着一百支蜡烛和一包火柴。

一团团小火苗跳跃起来，课桌上，窗台上，橘黄色的暖光渐次绽放，照亮了整间教室。每一块蒙着水汽的窗玻璃上、每个人的眼睛里，都跳跃着欢喜的光亮，大家仿佛突然进入了一个梦幻的童话王国。

一阵欢呼雀跃之后，学生们消停多了。他们请老师也演个节目。刘芳站在场中央，先唱《把根留住》，再唱《月亮代表我的心》。几个大胆的男生尖叫着提出要给老师伴舞，跳《上海滩》。等他们准备好了一亮相，全场都要笑昏过去了：参差不齐的男生，个个围着参差不齐的白围巾，其中有一条围巾已经脏得不堪入目，简直就是从牛屁眼儿里扯出来的。就在这群"许文强"半疯癫状态的包围中，刘芳边唱边笑，好几次笑得唱不下去就用双手捂住了脸。

这样一次"狂欢"，最终还是走漏了风声。后来校长在教师大会上严厉地批评："那么晚了学生还不回家，万一出点什么事情，谁负得了这个责？"

他这么一说，刘芳也后怕起来，坐在会场里头都不敢抬。但是一想到"许文强"们，她又忍不住偷偷乐了。

失去的往往比拥有的更加珍贵。在后来的黑暗中，她常常反复回味曾经的光明中每一缕色彩。她在一首诗中这样写道：

有人问我
还记得天空的颜色吗
我说记得

深深浅浅的蓝
或明或暗的白
鸟儿的翅膀掠起金色的浪花
那是勇敢者高远的誓词
它激荡了白云柔弱的心
湿润了我仰望苍穹的眼睛

有人问我
还记得那些山川湖泊的模样吗
我说记得
山都有着坚毅的下颌
水都有着迷人的眼波
弯弯曲曲是人生必经的路
高高低低是生命必备的坡
起起伏伏是那首唱也唱不完的老情歌

有人问我
还记得他们的长相吗
我说记得
可是
一张张天真烂漫的笑脸
一张张青春洋溢的笑脸
一张张慈爱安详的笑脸
在黑白交替的那个瞬间
被默默定格
请不要转身

不要哭泣

你的眼泪会模糊了我对美好生活的记忆

有人问我

看不见了你害怕吗

我说害怕

因为那不是闭上眼睛等待一次甜蜜的亲吻

而是拥抱之后找不到爱的停顿

有人问我看不见了你孤独吗

我说孤独

可是我也知道

孤独是我成长必经的道旁树

孤独是你给我一个思念的空间

孤独时我自己可以想想曾经的云霞满天

有人问我

看不见是什么感觉

那是浓雾弥漫

明明知道整个世界就在那后面

花鸟鱼虫

风雨雷电

多么平凡啊

却怎么也看不见看不见

别再问了

请别再问我了

残缺是我永远的名片

微笑却是你镀金的请柬

请给我一个饱含深情的拥抱吧

我就是你心里那片明媚的天

第五章

在黑暗中抓住光明

给学生上课　　新华社记者王全超摄

天生的盲人没见过丰富的世界，明眼人没有体会过黑暗的深邃，而我“白道”“黑道”都走过，谁能比我更丰富？

从光明进入黑暗是一段漫长的旅途，而黑暗之旅才刚刚开始，这条路更加漫长，长得望不到尽头。

人们都说，天生的盲人总比后天失明的人好一些，因为他们从没见过色彩之美，也就少了割舍之痛。可是刘芳不这么想，她笑言："天生的盲人没见过丰富的世界，明眼人没有体会过黑暗的深邃，而我'白道''黑道'都走过，谁能比我更丰富？"

也许这只是自我安慰吧，但在那漫长沉重的未知旅途中，如果不从内心找到力量，她靠什么支撑着自己走下去？

怜悯和同情都是肤浅的，她只能靠自己——必须学会适应黑暗，适应陌生的世界，适应新的自己。这不是一件容易的事。

自己去倒水，滚开的水洒在手上，立刻烫起大泡；自己去放杯子，放在了桌沿上，一下子摔到了地下，摔得粉碎；用碗打生鸡蛋，筷子一搅，蛋黄都蹦出去了，她还不知道；下楼，数错了台阶，一脚踏空跌下去……这样的碰壁，刘芳记不清遭遇了多少次，那些留在身上的伤疤就是明证。回想起来，她自己都常常感到惊奇：这么多年，我究竟是怎么挺过来的？

最痛苦的一次发生在2008年初。当时中国南方发生了历史罕见的大范围冰雪灾害。那些以暖湿著称的地区，一夜之间变成了冰雕

雪砌的世界，厚厚的冰层冻结在树枝上、电线上，压垮了上百座高压线塔。刘芳住的小区停了电，停了水，她只好拎着大桶，摸索着从六楼下去提水。天寒地冻，一步一滑，她努力在地上维持着平衡，而巨大的冰坨子从屋檐倒挂下来，在头顶摇摇欲坠。她一个台阶一个台阶地往楼上爬，水桶磕磕绊绊，摇摇晃晃，水不时碰洒出来。她喘着粗气，累得简直抬不动腿，最后实在撑不住了，一头栽倒在地。黑暗依旧，只是变得更加冰冷和阴森，她仿佛在向深渊坠落，只觉四周的人声渐去渐远……

一些朋友见证了她的艰难与挣扎。

“哎呀，她那次烧菜，弄得灶台上全是作料，不是这个倒多了，就是那个放少了，而且洒得到处都是，洋芋还烧糊了。”同事李春回忆说，“可是那是我吃过的最香的一顿洋芋，因为刘芳烧出来的是人生的滋味。”

刘芳学着凭触觉炒菜。先去菜市场买来一些好洗、好切、不爱生虫的菜，比如黄瓜、茄子，小心翼翼地收拾一下，然后点火、放油。她并不知道放多少油合适，只能凭着那“咕咚”一声大致估摸，把手伸到锅里去试油温，再靠感觉去翻炒，靠气味来判断熟到了什么程度。最后，把菜盛出来一尝……呀，煳了！不只一个朋友吃过她这样做出来的饭菜。

有一次，同事王秋凡来刘芳家，站在背后看她做菜，打算“见证奇迹”。但是，王秋凡看了一会儿就看不下去了，偷偷伸手，把刘芳放进锅里的几片菜叶拎出来，丢进了垃圾桶。这么做的时候，王秋凡悄悄地流泪了，因为她看到，那些菜根本没有洗干净，还带着泥沙。

陪阿牛玩耍

“不走进她的生活，就不知道她这些痛苦和难处。”王秋凡事后说，“平时跟她坐一辆车，都很快乐，她经常说笑话，把我们大家都笑得人仰马翻。她把快乐和坚强的一面留给了别人。”

刘芳不是没有想过放弃，但转念一想，又释然了：“哭也是一天，笑也是一天。生活不能改变的话，就改变生活的态度。”

她喜欢写作，小学五年级写了第一首诗，歌颂郎平和她带领的中国女排。眼睛看不见了，她仍然按捺不住表达的欲望，以前学过电脑，但现在只能请同事帮忙打字。同事坐在那里敲，她在一旁口述。她怕耽误人家的时间，就尽量一次性把意思表达清楚，久而久之，居然练就了出口成章的本领。

她失明时已经三十六岁了，如果从头开始学盲文会很困难，而且她生活、工作的环境也很难依靠盲文。所以，她只能努力像正常人一样使用电脑、手机。2010 年，有人帮她下载了一个盲人软件，只要她打字进去，读音就随时念出来。她将信将疑地在键盘上敲了一个“妈”字，立即听到一个带着金属质感的读音“妈妈的妈”。她惊呆了一秒钟，随后跳了起来，拍着桌子板凳大喊大叫：“我会打字了！”那一刻，她就像一个在隧洞中被困的人，经过长长的跋涉，终于看到了出口的光亮，一颗心像礼花弹一样“嘭”地炸开了。

她自己用电脑打出来的第一篇文章，写的是一个梦——

梦中奇树异石，高山流水，我身处其间，快乐无比。但是梦里的我不单游玩，更有寻觅和思索。水从高处落下，形态各异，寓意不同：有的直直地一落千丈，跌入潭中；有的一波三折，跌跌撞撞，闯入潭中；有的纤纤细细，忽明忽暗，闪入潭中；有的滴滴答答，最后也柔柔弱弱地汇成一泓潭水……它们都有形象，或宏大或渺小，都有声响，或轰轰隆隆，或泠泠淙淙，但最后所有的一切都归于平静。没有浮躁飞溅的浪花，没有拥挤虚幻的泡沫，反正水还是水，山还是山。不会有人在乎你曾经那么高那么大那么强，也不会有人在乎你曾经那么低那么小那么弱，你就只是水。

梦里的我总是会游泳的，或翻转前行，或怡然不动，水使我的肌肤变得那么柔和光滑，水让我的四肢变得那么舒展自由，不动时我就是水的一部分，动起来我就是一条鱼，十分惬意。好梦催人睡，何必欲醒之。

尽管是梦，仍然是对自由的梦想。

整篇文章不过三百多个字，至少有三十个错别字。这丝毫没有让刘芳沮丧，她只顾得上兴奋，仿佛面前打开了一扇窗子，让她可以探出头去尽情呼吸。

2015 年 9 月我们去采访她的时候，初次见面，竟然很难相信站在面前的是一个盲人。疾病对她眼睛的外观并没有影响，除了目光有些涣散，眼珠依然又黑又亮，神采奕奕。我们还没出声，她就凭听觉判断出来了几个人，几男几女，谁的个子高、谁的个子矮。在家，她扫地、洗衣服、倒开水、冲咖啡、炒菜、在跑步机上锻炼，动作熟练得几乎与常人无异。借助盲人软件，她发短信比很多明眼人还快。在学校，她可以独自走近百米，下两层楼，转五个弯，轻松找到公厕。

苦难，被她变成了另一种成长。同样经历了特殊成长的，还有她的儿子阿牛。

阿牛两岁时，刘芳已经不敢抱他出门了。那时她虽然还没有全盲，但视力已经严重下降，抱着孩子，就看不清脚下的路。有一回天黑了，刘芳去抱他，他却挥着小手拼命打妈妈，刘芳一摸，哦，抱倒了，孩子腿朝上呢。

到了三岁，阿牛就懂了："妈妈不抱，宝宝自己走。"

有一次，刘芳带他去参加同学聚会，结束后都晚上九点多了。刘芳就问他："你能把妈妈带回外婆家不？"

"能啊。"

母子俩就开始走，走到一个门洞，他说："妈妈，不能走了。"

"为什么？"

阿牛压低嗓音："因为这里边有很多大老虎……"

孩子其实很害怕走夜路，但是不愿意说，他要勇敢地保护妈妈。他们退回到马路上，再走一段，阿牛又停下脚，低声说："这里有很多鬼。"于是娘儿俩又退回去。刘芳都快哭了，这黑灯瞎火的，一个眼睛看不见的人和一个懵懂的娃娃，要转到什么时候？她把围巾解下来，围到儿子的脖子上，说："你现在是孙悟空，能将妈妈带回去不？"

"能！"

阿牛拉着妈妈的手，昂首阔步地穿过黑暗区，到了外婆家。

后来刘芳说："都说'穷人的孩子早当家'。这个'穷'其实不是贫穷的'穷'，而是穷途末路的'穷'。实在是走投无路了，他们才不得不自己去找路。"

从五六岁起，阿牛每次出去玩，从来不离开妈妈超过五米远。有时刘芳的朋友在，他就先跑过来叮嘱人家："你一定要把我妈妈照顾好哈！"然后才跑到一边去玩。

每天早上，阿牛都是先送妈妈上班，自己再上小学，风雨无阻。那时在白云区，常有人看到这样一个场景：一个小不点的孩子牵着妈妈的手，左右张望着过斑马线。有车，他就说："妈妈，不要动。"可以过了，就喊："妈妈，快跑快跑快跑！"

十多年来，刘芳关于儿子的每一缕记忆，都伴着甜美与刺痛。

舐犊情深

她最后一次看清阿牛的脸，他才七八岁。现在儿子都读大学了。尽管能摸到儿子的鼻子、嘴巴、胡茬儿，她却只能想象，他长得帅不？黑不？她遗憾没能亲眼看到儿子的成长，更遗憾没能给儿子像其他妈妈那样的照顾。

朱军常年在外打工。在母亲搬来同住之前那些年，刘芳都是独自带孩子。因磨砺而早熟的孩子，对妈妈有着更深的爱。阿牛说："我永远做我妈的小拐棍，做我妈的导盲犬。"

"我妈妈是个很平凡的人，但是做了一些很不平凡的事。"在小学作文中，阿牛写道，"她的眼睛看世界是黑暗的，可她的心在什么地方都会发光。"

阿牛七八岁开始学习葫芦丝。有时，刘芳跳舞，阿牛唱歌；刘芳朗诵，阿牛吹葫芦丝；刘芳听小说，阿牛写作业，母子俩快乐得没有闲心去郁闷和忧愁。

而对丈夫朱军，刘芳的感情是复杂的，有甜蜜、温暖，也有无奈、挣扎。她的疾病，也是他的苦痛之源。妻子失明，对任何一个男人来说，都是生活中一次沉重的打击。更多的家庭重担落在了朱军一个人身上，他不得不付出加倍的努力，来养家糊口。可是，2007 年，当朱军决定远走凯里时，刘芳却喜忧参半。

朱军的身体并不太好，工厂里的活儿又累赚得又少，他决心辞职，去一百六十多公里外的凯里，和亲戚一起做生意。他对刘芳说："我想赚更多的钱，让你们娘儿俩过上更好的日子。"事后也正如他所愿，生活渐渐宽裕起来，还买了一套不小的商品房。然而，2007 年正是刘芳完全失明之时，是她最需要照顾的关键时刻。丈夫一走，她这个看不见的女人就要独自与阿牛相依为命了。而长久的分别造成的孤寂、猜疑、绝望，是她心底最深的疼痛。

多年后，她回顾说："丈夫没有我想的那么坚强。当我想靠在他肩膀上休息一会儿的时候，他选择了逃避。如果争吵是为了更好地解决家庭矛盾，那么沉默是要表达什么呢？我说得最多的是：'我成全你。君子有成人之美，让我做个好女人吧。'他沉默了几年，才对我说：'我不会离开这个家的，我不能，等我赚到钱就回来。'"

他们有过争吵、冷战，但不管怎么说，家一直在。刘芳说："与其说是我坚守和忍让，还不如说可爱的儿子给了我足够的信心和勇气。我有责任为他保持这个家的完整，也有义务做好我自己，以言传身教告诉他，有些苦难其实并没有看上去那么严重。"

当然，总还有难受的时候，她就会找一个没人的地方，嚎啕大哭一场，哭得肝肠寸断，地动山摇。哭过，问自己："你还好吧？"然后自答："还好，走，干活去！"

她曾在一首小诗里写过这样几句：

看得见的苦难不叫苦难
跨过它
装得下的苦难不叫苦难
包容它
留下的是珍珠
冲走的是细沙

第六章

快乐的力量

午饭后，与同事毛艳红（右）、何杨（左）在学校操场上散步聊天
新华社记者王全超摄

所有爱我的人都不愿意我被残疾的阴霾吞噬，他们要我和健全的人一样站在阳光里沐浴温暖，和他们穿得一样洁净漂亮，和他们一样出现在许多快乐的场合，和他们一样开怀大笑。他们就这样温暖着我。

2007年，白云三中原来的校长被调走了，新任校长姓何。刘芳成了摆在他眼前的一个问题，不能不解决。压力是显然的：其一，让刘芳继续教课，是对她本人不负责任。持续高强度的工作，会不会加重她的病情？其二，让刘芳继续教课，是对学生不负责任。把那么多学生交给一个盲人老师来带，家长们愿意吗？其三，让刘芳继续教课，是对学校不负责任。人家会质疑，你们是怎么对待残疾人的？

所以，何校长把刘芳请进办公室，建议说，你是不是可以办病退，或者至少休养一段时间，等治好眼睛再回来？

刘芳的回答其实也在他的意料之中："不。"

语气很委婉，态度很坚决。

刘芳说："我生命的价值就是教书育人。如果不让我教书，那我的生命就真的终止了。失明给我带来的生理痛苦当然大，但远远赶不上不让我教书的精神痛苦。"

做了几次工作，刘芳的态度始终如一，何校长只好接受。那就走着瞧吧，看这个不认输的人究竟能坚持到什么时候。

令人称奇的是，刘芳所带的班级成绩不仅没有退步，反而在中考中连续出现了三个语文单科罕见的高分，在白云三中历史上占据了最高分的前三名，这个纪录保持了十多年无人打破。

一个盲人要想留在讲台上，无疑要付出超过常人几倍的努力。

她把自己变成了一个“笑星”。上作文课，形容一个人长得黑，她张口就来一段顺口溜：“怎么这么黑，怎么这么黑，赛过张飞，也不让李逵，你去南山煤矿挖过煤，你是个大乌鸦掉进了大煤堆！”讲到鬼，她就当场讲一段鬼故事，面对着空荡荡的讲台叫“奶奶”，似乎那里真的坐着一个常人看不见的老太太一样，吓得坐第一排的几个女生一边笑一边往后缩。讲《孔乙己》，她就会模仿孔乙己的神态、动作，如果时间允许，就会叫学生一起排演一出小小的话剧，她自

心理辅导课下课后，学生们向刘芳道别　　新华社记者王全超摄

己充当旁白，或者也饰演一个小角色。有一次讲到母亲的话题，她当场唱起了歌剧电影《洪湖赤卫队》中女主角在监狱中与母亲谈心的唱段，唱得声泪俱下，教室里的学生们也都听哭了……

说、学、逗、唱，她似乎变成了一个相声演员。在她的课堂上，从来不缺少欢声笑语。

有的老师教书久了，一进课堂不自觉就会端起架子，嘴角、眼角都是耷拉着的。而刘芳，嘴角从来都是向上翘的，眉飞色舞。

“我眼睛好的时候，都是用眼神与学生交流。对那些认真听讲的学生，从目光里体会他们的感受；对那些不认真听讲的学生，就紧盯着他们，不要开小差。那时学生都说我目光犀利，一个扫射就撂倒一大片。”她说，“而眼睛不好之后，就只能用心跟他们交流。我没法再看到他们，只能让他们看我。我必须把课讲得尽可能生动有趣，才能把学生的目光吸引到我这里来。”

有时她会讲一些自己的人生故事，学生都觉得很亲切。

“丁丁麦芽糖，你们吃过没？”有一次她问。

“吃过。”“没吃过。”“听都没听说过。”学生答什么的都有。

“我小时候，都是小贩走街串巷来卖。”刘芳说，“我们那时候都没有零花钱，是用牙膏皮去换。那时牙膏皮都是铝的。牙膏用完了，铝皮不能丢，都攒起来，等小贩来收。家长说，这是用来做飞机的。其实是有人攒牙膏皮卖钱，捐给国家制造飞机。可是很长时间里，我都以为飞机是用牙膏皮做的。”

学生一片笑声，你一言、我一语地回忆了自己的童年趣事，然后把最生动的故事写到了作文里。

另一次，讲到青春期的话题，刘芳就说起了自己的“初恋”。学生们一下子都睁大了眼睛。

刘芳说：“那时候，为了引起我们班长的注意，我努力练字，因为他就写了一手好字。我就借他的笔记本来抄，用这个借口接近他。”

学生们急切地问：“后来呢？后来呢？”

刘芳不紧不慢地说：“后来……我就练好了字，还学到了他的学习方法。”

“后来呢？后来呢？”

“后来，我们连手都没牵过。”

“啊……”一片失望的叹息。

“只要用心，总会有收获。”刘芳继续说，“我读到一篇散文，写他表哥追女孩，那个女孩是学音乐的。一年以后，表哥失恋了，但

一边洗衣服，一边与舅舅聊天　　新华社记者王全超摄

是弹了一手好吉他。然后表哥又恋爱了，这女孩也是艺术范儿的，喜欢画画，表哥就天天抱个画夹子，像个跟屁虫似的跟在人家后头，跟女孩一起苦练画画。一年后，他又失恋了，结果画了一手好画。最后表哥考上了大学，这时他就变成了一朵‘奇葩’，多才多艺，魅力四射。在不知不觉中，他让自己变得更优秀了。”

正是在这样的不知不觉中，刘芳把作文与做人的道理，点点滴滴地浸润进了学生们的心田。

眼睛看不见，她就用耳朵批改作文。

以前每次布置了作文，她都像其他老师一样在办公室一篇一篇地用笔批改。而后来，她把批改工作搬进了课堂——让每个学生朗读自己的作文，她和全班同学一起来做点评。

“感情再充沛一点！”“他这个角度大家想到没有？”她像个乐队指挥一样调动着全班。

一开始，有的学生不自信，不敢大声念出来。后来响应得越来越热烈，不论是朗读的还是点评的，都争先恐后地发言：“该我了！”“我有不同看法！”

传统的作文方式只是写，而现在变成了听、说、读、写多种训练同时进行，教学效果更好。当然，这种办法费时费力，对老师的要求更高，她必须迅速记住每篇作文的内容，并且立即指出要害所在。但刘芳从来不怕挑战自己。

她还发明了“集体作文”，把全班分成几个小组，每组五个人，共同写一篇作文，每人负责一个自然段。对于刘芳，这其实是个“偷懒”的办法，实际上减少了作文的篇数，也就减轻了她的工作负担。而对于学生们，却是一次集体智慧的训练。在这样的讨论中，他们的思想互相碰撞、激发，往往能产生几篇高质量的作文。

有个孩子一边读刚写完的作文，一边拍着桌子喊：“天哪，我自己还从来没有写过这么好的一篇作文。”

学生越来越喜欢她。每次上课前都争着去搀扶她，把她牵到讲台上，还把粉笔、黑板擦放在固定位置，这样她一伸手就能拿到。听说她可能不再担任班主任，学生们跑去求校长，哭着说：“一定要把刘老师留下啊！”

一届学生毕业了，又纷纷把自己的弟弟、妹妹牵到刘芳手上，点名要进她的班。

与她相识二十多年的闺密周嫚云感到惊奇：“失明前，刘芳和大家一样，是个很普通的小女人，跟我们一样生活、工作，好像也没有什么特别。而失明之后，她却变得勇敢、坚强、开朗，很多事都是一个人扛起来了，经常让大家吃惊。”

在刘芳的同事和学生们看来，眼前的黑暗并没有给她的心罩上阴影，她甚至比以前更幽默了。一群人聚在一起，只要听见爆发出一阵阵笑声，那笑料的源头一般都是刘芳。她很会讲笑话，经常灵光一现地捕捉到生活中的可笑之处，三言两语点出来，就笑倒了周围一片人群。学校举办联欢晚会，她让人牵着自己上台，说单口相声，设想数学老师、英语老师、物理老师、体育老师去讲语文课是什么状况，然后惟妙惟肖地模仿，嗨翻了全场。

新生任晨雨原来不认识刘芳，有一次参加演讲比赛，学校让刘芳对她进行辅导。初次见面时，面对面坐了很长一段时间，她都没有意识到这位老师有什么异样。后来有一个字她不认识，就问刘芳。刘芳反而问她，那个字长什么样子。任晨雨一下子用手捂住了嘴，啊，这个老师居然是看不见的呀！可是眼睛看上去是好的呀，还亮亮的呀？任晨雨紧张起来，本能地开始小心翼翼地说话，生怕哪句话不注意会伤到老师的自尊。没想到刘芳哈哈一笑：“你听说过‘睁眼瞎’没？我就是典型的‘睁眼瞎’哈。”说着，眼睛睁得

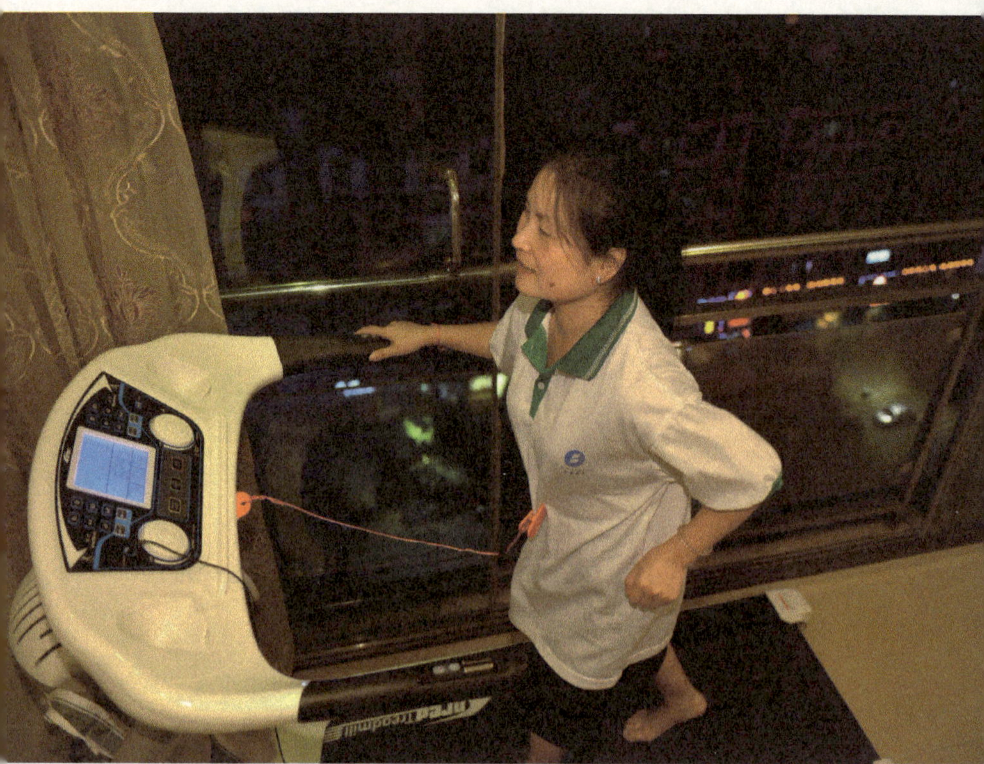

健身　　新华社记者王全超摄

更大、更亮了，直盯着任晨雨。任晨雨也笑了，心里放松下来。此后，她把刘芳当成了朋友，还在刘芳的辅导下成为学校广播站的站长。

刘芳的善良、乐观与坚强感染着身边每一个人。很多同事都爱找刘芳聊天。课间闲暇时，不少老师特别是女老师，都爱到她办公室去坐一会儿。大家说，她有一种神奇的力量，有什么烦恼，跟她一谈，就烟消云散了。这个似乎最需要帮助的人，反而常常给了别人很多帮助。刘芳自己总结，这就是快乐的力量。

同事李春回忆说，自己怀孕那一阵，有段时间心情很烦躁。每天给刘芳打电话，就成了她的一种精神寄托。经常一打就是一个小时，跟刘芳诉说一通，心里就好受些。

“有一天，刘芳说来我家看我，让儿子牵着她。”李春说，“我左等右等，等了一个多钟头，直到中午我老公回家来吃饭，他们娘儿俩才出现，一身的泥土，就像刚从黄土高坡下来的。我赶紧问怎么回事，原来她家外面正在修路，到处暴土扬场。她自己看不见，她儿子那时才四岁，还不太懂怎么带妈妈走路、应该走哪儿。娘儿俩就左冲右突，走了无数冤枉路，等出现在我面前时就成了两个泥巴人。他们从家里走到大路边，就走了一个小时，才坐上车来我家。”

刘芳这样真诚地对待朋友，让李春非常感动。多年以后，李春还感叹：“她是一个很值得信赖的朋友。她是唯一一个这样对我好的人。”

刘芳就是这么执着。为了执着，她不得不去克服各种困难，但她不以为苦，反以为乐。她因为在其中找到了自己的价值而感到快乐。

有一年夏天，同事代水燕的女儿患了一场大病，必须做手术，急需二十袋血浆。而那时医院血液紧张，全家人都陷入了愁苦之中。刘芳听说后，第一个报名献血，还帮忙联系自己的亲朋好友、其他单位的熟人一起献血。大家共同努力，顺利地为患病的女孩筹到了足够的血浆。

代水燕感慨：“她这么一个患严重眼疾的人，都主动去帮助别人，我们还有什么理由去怨天尤人？只能更好地面对生活。当以后有人求助我的时候，我也会同样帮助他们，把爱心传递下去。”

“刘芳给我们很多力量。”同事毛艳红说，“她都认真地活，我们有什么理由随便过？”

毛艳红是刘芳的另一个闺密，从2015年起自愿加入刘芳的工作室，给她当助手。她说：“其实刘芳生活上要面对很多困难的，我们看着都很心疼。我不希望她像其他盲人那样拄棍子、戴墨镜，那样她就真的像个盲人了。我希望她尽量像正常人一样生活……”对我们说这话时，刘芳就在身边，毛艳红扭头对她说：“反正你出去，会有我们。诚心走到你身边的人，一定不会把你当累赘。”

因爱而生的欢乐常常会形成一种循环。每天早晨，都会有一个同事来楼下接刘芳去上班，挽上她的胳膊，大步流星地去赶公交车。从那一刻开始，微笑就在刘芳脸上悄悄绽放。而在校园里，只要看见她在单独行动，很快就会有老师或者学生跑过来询问：要我帮你吗？你这是要去哪儿呀？那种得到呵护的幸福感，常常让她觉得空气的味道都是甜的。但她一般都是说，让我自己摸着做吧，别惯坏了我啊！大家就都笑起来，似乎连身边轻轻掠过的风也笑了起来。

这，就是刘芳快乐的源泉。她说：“所有爱我的人都不愿意我被残疾的阴霾吞噬，他们要我和健全的人一样站在阳光里沐浴温暖，和他们穿得一样洁净漂亮，和他们一样出现在许多快乐的场合，和他们一样开怀大笑。他们就这样温暖着我。”

而在黑暗世界里，她渐渐认识了很多盲人朋友。最初，当他们得知这个“后来者”还在麻烦别人帮着上网收发邮件，甚至还求别人打稿件时，都笑着骂她“小笨蛋”。他们说：“都什么年代了，还不知道读屏软件为何物啊？怎么混的啊！”

这又为刘芳打开了另一片新的空间。原来，盲人有另一个世界，而那个世界里也有新奇与追求，也有阳光照耀。她自省说：“是啊，我怎么就活进了一个狭小的黑暗的空间里去了呢？了解世界是有很多途径的呀，太阳是会照耀着每一个生命的，只是要看你站在哪儿。”

逐渐地，她有了自己的新浪博客，有了安装了读屏软件的电脑，有了一大堆或长或短的人生感悟，有了更多的知心朋友……她又把从四面八方吸收的这些正能量倾吐出来，用另外一种方式与大家分享快乐与烦恼，展示一个同样健全的内心，把温暖还给周围每一个温暖着她的人。

第七章

打开一扇心之门

与学生互动　　新华社记者王全超摄

刘芳将自己的工作定位为四个字——用爱倾听。

1

从2008年起，何校长交给刘芳一项新工作——心理辅导。双目失明，对正常教学的影响毕竟是很大的，仅仅批改作业一项就很难完成。而心理辅导可以不用眼睛，只用耳朵和嘴巴就能做到。学校专门派她去参加了一次贵阳师范大学举办的心理咨询培训，然后给她辟出一间小办公室，门口挂个牌子“芳芳聊天室”。但这并不是一件轻松的活儿，原来她只需要面对一两个班级的学生，而现在的辅导对象是全校一千多名学生。

当时连她自己都没有意识到，这是一件开创性的工作。那时，在贵州这样的中国西部偏远山区，特别是农村学校，心理教学基本还是一片空白。一些学校也设立了这个科目，但只是个形式，没有实质性内容。这些山里娃需要心理辅导吗？辅导什么？怎么辅导？大部分人还是一头雾水。

对于“芳芳聊天室”，一开始白云三中的学生们也不接受，不好意思，还有抵触情绪，很长时间都没有来一个人。怎么回事呢？刘芳抓住一个男生问，男生扭扭捏捏地说：“谁去做心理辅导啊？变态的才去呢！”边说边挣脱了她的手，一溜烟儿跑了，生怕被其他同学看见。

见此情景刘芳来到了学校广播站，打开喇叭向全校喊话："只有心理健康的孩子才敢来找我。"这招管用！一下子，"芳芳聊天室"门庭若市，门外有时都排起了队。传言掉了个个儿：不敢去"芳芳聊天室"的才是变态。

白云三中地处城乡结合部，学生几乎全部来自农村，其中很多是进城务工家庭子弟。问题家庭多，几乎占了四分之一，涉及几百个孩子，有的父母离异，有些是留守儿童，有的家庭关系不和睦，有的家长自身习惯不好——打麻将的、半夜不睡的、抽烟喝酒的……还有些父母教育方式不当，常常走两个极端，不是溺爱就是打骂。正值社会转型期，贫穷与诱惑叠加，家庭矛盾特别多，再加上孩子进入了青春期，各种心理问题层出不穷。

最愿意来找刘芳的是五类学生——留守儿童、流动人口子女、单亲家庭孩子、学困生、青春期发育较早的孩子。她总结出一条：这些孩子就是缺爱。

2

2009 年的一天，年轻老师章玉嘉跑来，声音都颤了："我们班有个女生想自杀……"

那时章玉嘉刚入职不久，头一回当班主任，遇到这样的情况心里发慌，只好向刘芳求助。面对人命关天的事情，刘芳也很忐忑。她知道，对这样的极端情绪进行干预要特别小心，如果干预不当，那个原来想从三楼跳下去的人，很可能就从三十楼跳下去了。但也正因为人命关天，她觉得自己不能不管。

能不能干预成功，先要看当事人是否自愿。她让章玉嘉试着去问问那个名叫小燕（化名）的女生，想不想来跟自己谈谈。小燕没

与学生谈心　　新华社记者王全超摄

有拒绝，跟着章玉嘉来到“芳芳聊天室”。这就好，第一步迈出去了。章玉嘉借故离开，屋里就剩下刘芳和小燕。刘芳想拉着她的手坐下，一伸手，摸到的是一只纤细的手腕，缠着厚厚的纱布。小燕似乎本能地往后缩，沉默不语。

这是个瘦瘦小小的女生，面貌清秀，十五岁，正读初二，平常很文静，学习成绩也不错，谁也没想到她会做出这样的举动。

刘芳问：“你愿意跟我聊聊最近的心情吗？学习上的事、生活上的事都行，或者，有什么搞笑的事吗？”

“没什么搞笑的事，最近我都很不开心。”

她承认不开心，就又迈出了一小步。

“有什么不开心呢？”

又是沉默。

刘芳换了一种方式：“听章老师说，你作文很不错，那你把事情写下来好不好？”

小燕立即就同意了：“我这会儿就写。”

她趴在刘芳的办公桌上写了起来，写着写着就开始低声地抽泣。刘芳走过去，拍着她的肩膀说：“那你边写边给我讲讲呗。有些事情，讲出来，就会好很多。”

其实小燕很需要倾诉，但她不想跟同学说，怕丢脸。也不想告诉班主任，对班主任有一点天然的畏惧。而刘芳是个陌生人，又看不见，这给了她一种特殊的安全感。

事情其实并不复杂。小燕来自一个重组家庭，自从母亲和继父又生了个小弟弟之后，她就觉得自己变成了多余的人。

刘芳给小燕的家人打电话，想劝劝他们，可是对方并不领情。接电话的是小燕的一个亲戚，还没说几句，难听的话就呛了过来：“你不就是那个眼瞎的刘芳吗？你有什么了不起的？我们家的事关你什么事？”

“啪！”听筒里变成了长长的空白音。

强忍着愤怒和委屈，刘芳决定和章玉嘉一起去小燕家家访。

那是一个偏远的村子，坐车要一个多小时，然后还要经过一段坑坑洼洼的土路。刘芳看不见路，只能让章玉嘉牵着自己，深一脚浅一脚地走。她们数着电线杆，直到天黑了才找到目的地。

小燕家是一座新修的两层楼房，看上去条件还不错，是她继父用外出打工挣的钱盖起来的。她母亲是一个普通的农家主妇，边跟两位来访的老师说话，边忙里忙外，扎着一条脏围裙，拾掇蔬菜，搅拌鸡食。因为长年劳作，看上去比实际年龄苍老许多。

一提小燕，她母亲就哭了：“我也愿意她回到我身边啊。”但突然又变得非常气愤，用粗糙的手抹了把眼泪，数落道：“这孩子太让人操心了，还不如就让她死了算了。她这样一而再，再而三，谁经得起这么折腾？我跟她后爸都快过不下去了！”

原来，小燕已经是第三次自杀了。第一次是上吊，绳子断了；第二次是喝农药，被抢救过来了；而这一次，她在自己屋里割腕，血喷出去一米远，还好被哥哥及时发现……

刘芳去了小燕自己的房间，一摸，单人床上铺着又厚又软的床垫，旁边是崭新的书桌和台灯。在农村，很多孩子都是几个人挤一个房间，小燕能有这么好的独立房间已经很难得了。她跟小燕妈妈说：“其实孩子什么都不缺，缺的就是一点爱。”

她们先后去了小燕家三次，前两次小燕都没跟着。回到学校，刘芳找到她问：“为什么自杀呢？”

“我就是想引起他们的注意。”

绝望的孩子，采取了绝望的办法。

刘芳又问：“那你还爱妈妈不？”

小燕哭了：“爱。”

“那你怎么样才能跟妈妈和好呢？”

“我就希望她说，她爱我。”

第三次家访带上了小燕。刘芳没让小燕母女俩直接对话，而是先把小燕领到她的卧室，拉着她用手摸床、书桌、台灯，说：“你想过没有，父母为了给你提供这么好的条件，已经很努力了。”

然后，刘芳才去外屋，把小燕母亲领了进来。刘芳能感觉到这位母亲的紧张——手臂在微微颤抖，把沾着泥土的手在围裙上擦了又擦。她牵住小燕的手，轻轻地往母亲那边拉：“我们做大人的，可能有什么地方不注意，忽视了你，伤害了你。你愿意原谅你妈妈吗？”

母女俩的手还没碰上，母亲就一下子张开双臂，把女儿搂进了怀里：“幺儿，妈妈爱你，妈妈咋个不爱你嘛……”

这个质朴的农家妇女一辈子都没有这样直白地袒露过感情，而当“爱”字出口，尘封已久的心门终于打开了，母女俩抱在一起，痛哭失声。

一旁，两位老师也泪如雨下。

对小燕的心理疏导，前后持续了有半年之久。

有一回，刘芳把她叫到办公室来，用一块布蒙上她的眼睛，说：“你就这样跟着我一天，试试我是怎样生活的。”

一天之后，刘芳问：“容易吗？”

“不容易。”

“我天天都是这样生活的。我都能好好活着，你有眼睛，又漂亮又可爱，完全可以比我活得更精彩，为什么要放弃自己呢？”

久违的阳光又照回到了小燕的脸上。

3

让一个盲人去宽慰明眼人，这的确很少见。不过，当任何人面对一个比自己更需要关爱的柔弱女子时，再难的事也该想通了吧？

刘芳将自己的工作定位为四个字——用爱倾听。

她给每个学生建立了“成长档案袋”—— 一个普通的大牛皮纸文件袋，学生可以随时写任何东西丢进来，把他们的秘密与她分享。刘芳承诺，不论他们写什么，她一定会为他们保密。如果愿意的话，他们可以自己读给她听。而在必要的情况下，她只允许极少数最信任的人告诉自己袋子里的内容，以便掌握学生们的心理动向。当学生毕业时，她会让他们把自己的秘密带走。部分地因为刘芳作为盲人带来的天然的安全感，几乎每个学生都给予了刘芳最高信任。有不少学生毕业离校了，却把自己的秘密永远地留给了刘老师。

从某种意义上说，那群少男少女把青春时代最本真的一个角落对刘芳袒露出来。

有的是生活中一些琐事——

换了座位，不开心。我想和小丽坐一起，不想和小萌坐一起。

有的是一段心绪——

雨淅淅沥沥地下着，雨珠打在地上，发出啪啪的响声，仿佛击痛了我的心。向窗外望去，雨水好像是特殊的颜料，把一切都染成了暗色。哎，脑袋发胀。做作业吧，下笔就错。看书吧，一个字也看不进去。休息吧，我一会儿站着，一会儿坐着，浑身都不自在。唉，都怪我自己，每天我都去上网，这样把自己的学习成绩也打垮了。老师知道我上网，十分生气，现在已经初三了，而且马上就要考试了，我一定不会去上网了，而是要好好学习，我心中充满了悔恨。

有的是家庭的隐秘——

我心中一直有件事，我找不到适合的人去诉说，因为我怕别人不保密，但现在我可以跟您说了，因为我相信老师您的保密性，也更相信您能为我想一个主意。我是我现在的父母抱养的，我从小也知道亲生父母是谁。现在的父母对我恩重如山，但我渐渐长大，不知是怎么，突然有一种想回到亲生父母身边去的冲动。

有的学生先是面对面地跟刘芳交流，之后又把自己的感悟写下来——

今天真的很谢谢你，帮我解决了心里的麻烦！心里有烦恼原来真的好累，把它讲出来真的好轻松，有种豁然开朗的感觉。听完你的开导，我终于明白了，这并不是失败，因为我曾经为它努力过、奋斗过！尽力了就不该有遗憾，反正结果已经注定了，我应该用一颗乐观的心去面对，尽力了就该无怨无悔！就像你说的，“人生路上有太多困难，它只是其中微不足道的一个，不应该太在意，绕过它，前方还有另一条路”。我并不认识那一条路，但我并不是一个人在走，有你还有老师还有妈妈陪着我在走，我不会轻易说放弃。

最多的是青春期的感情问题。比如：

我无法克制住我对她的好感，但我没有做任何我不该做的事。我的心总是上下浮沉，不知如何是好。

或者：

我好像真的喜欢上他了，我认为我的世界里不能缺少他的存在。刘老师，我真的喜欢他，我舍不得放弃。我应该怎么办？

还有：

只能呆呆地坐着，想一些以前的事。虽然我经常提醒自己，不要想，这样自己会心痛的，可是有什么办法呢？我还是每时每刻都想着他。

大部分人写的都是只言片语，从作业本上撕下一张小纸条，随手写下一时的心情。也有人把整本日记都放在“成长档案袋”里，完整地记录着自己的成长轨迹，常常用很长的篇幅把人生经历讲给刘芳听——

以前我的父亲是一个脾气暴躁、很凶的人，就像一个暴发户一样。可是现在他变成了另一个人，温柔，和蔼可亲，不爱发脾气。现在我们睡懒觉，很晚才起来，他总是让我们睡，愿意什么时候起就什么时候起。要是在以前，别说是自己随意，要是稍微超过了读书时起床的时间，他就会大发雷霆，大吼大叫，有时还会打人。要是做了让他不顺心的事，即便是对的，也是必打无疑。

可是，我的家庭也因此开始改变。可能有的人认为一定是变好了，然而，恰恰相反，虽然我父母的脾气都温和了，可是他们互相彼此猜测，一个不相信一个，但是他们都对我很好……

如果改变后的家庭是这样，我宁愿它不要改变，像以前一样和睦。高兴就开开玩笑，有说有笑，不高兴呢，就默默无语，一言不发。总比现在要好得多了。他们互不相信，却那么信任我，而我却不能为他们化解之间的猜测，我真无能。我到底要怎么做才行呢？谁能给我答案呢？唉，无奈，无奈，当事与愿违时，我们只能叹一声无奈。

所有这些，原本都是学生们不愿意对任何人讲的隐秘。

很多同事都对刘芳的沟通能力表示惊奇：她究竟是怎么做到的？

女老师唐明荣比刘芳小十五岁，2013 年刚刚入职。当了班主任以后，她发现班上有个女生成绩不好，家里又出了点变故，心情不好，但自己不知该怎么去劝慰。有一天，唐明荣看见这个女生在刘芳办公室门口向里张望，就问：“你跟刘芳老师熟吗？”女生说：“熟啊，都跟她谈了好几次了。”

自己班级的学生，反倒跟刘芳更亲，这是为什么呢？唐明荣想了很多。从那以后，她也学着给学生建立“成长档案”，试着深入了解他们。她还请刘芳来给自己的班级上作文课，想看看这位带有传奇色彩的前辈到底怎样与众不同。

两个学生把刘芳扶到了讲台上，把凳子放在她身后，可是刘芳不坐，大声说：“老师站着讲课，是对课堂的一种尊重。”顿时，所有学生都坐得笔直。

那是一堂作文课，刘芳出了个题目，让学生们口头作文。这些学生有点害羞，谁也不敢第一个站起来，一时有些冷场。当时唐明荣坐在教室最后一排，跟学生一起听讲，忽然刘芳点名：“那个叫唐明荣的同学，先来一段！”

学生们乐了，齐刷刷地扭过头来看着班主任。唐明荣站起来说：“唐老师也不会，大家来教我吧！”

这一下，孩子们都热情了，你一言我一语地出主意，课堂气氛就起来了。

那天回到家里，唐明荣把自己的眼睛蒙上了，想试试当盲人的感觉。才两个小时，她就打碎了几个杯子，跌倒了好几次。摘掉眼罩，唐明荣长叹一声，心有所悟。

4

一天，刘芳收到一条手机短信：“平平，这是我最后一次给你发短信，以后你再也见不到我了，我要离开这个世界了。”

是一个陌生的电话号码。刘芳回过去：“发错人了吧？我不是平平，而是芳芳。”

对方回：“对不起，我发错了。”

刘芳说：“对不起，我很想认识你。”

可是，对方再没回过来。

刘芳心里很不安。第二天，她买了一份《贵阳晚报》，让儿子帮忙从头看到尾，看有没有谁自杀的消息。还好，没有。

第三天，她的心仍然悬着，就又给那个号码发短信：“我是昨天你发错短信的那个人，我是一个学校的老师，很想跟你聊一聊。”

“没必要了，不需要了。”手机上跳出两句冷漠的拒绝。

刘芳不恼火，反倒很高兴，因为，这人还活着！

她继续发：“我是一个老师，在做心理辅导。帮助别人就是我的义务。我想跟你通通话。”

“好吧，等我愿意跟你通话时，就通话。”

刘芳决定等待。这种时候，强行介入可能是很危险的。

又是两天的沉默。她等不住了，再次发短信过去："能跟你通通电话吗？"

"好的。"

刘芳赶紧打过去，接听的一听就是个小姑娘，声音甜甜的。她说自己叫小语，十八岁了。即使隔着电话，还是听得出来，小语很拘谨，似乎深深地缩在一层壳里。

刘芳说："你声音好好听啊。"

小语说："老师你声音也好听的。"

女人有女人的方式，聊天的气氛渐渐舒缓下来了。

刘芳说："第一次收到你那条错发的短信，我特别地担心。如果你是我的学生，我会很担心。如果你是我的女儿的话，我会更担心。你想过没有，如果这句话被你爸爸妈妈看到了，他们会多么不可接受？"

小语哭了："你不知道这事情有多严重，我实在没有理由再活下去。"

小语是一名高三女生。高一时，她爱上了一个男人。她爱得那么热烈，连书也不想读了，只想嫁给他。可就在这时，这个男人失踪了。整整一年，她到处找他，学习成绩一落千丈。她知道他的车牌号，偶然有一次，在一个洗浴中心外面见到了，就进去找。大堂里找不到，她就一个包房一个包房地找。最后，推开一扇门，只见那个男人正靠在卧榻上。

她上前质问："你为什么躲我？"

男人见是她，一脸慌张，嘴里说的却是："我不认识你，你不要纠缠我。"

小语上前，抓住他的衣服，男人挥手就是一个耳光。

这时，房里出来一个女人，疑惑地盯着小语："你找我老公干吗？"

小语的心碎了一地。她想的是，我怎么这么蠢？被一个有妇之夫骗了两年，我怎么对得起生我养我的父母……

她想自杀，思前想后，给最好的朋友平平发了条短信，结果号码错了一个数，就发到了刘芳的手机上。

刘芳静静地听着，随后说："我不认识你，咱俩可以一直是陌生人。但既然咱俩认识了，我就要帮你想办法。人生有很多坎坷，都是带着伤和痛长大的，只是有的人说出来，有的人不说出来。不说别的，你都说很感激你的父母，就为了这份感激，你也要再活一次，活出他们希望你成为的那个样子。你已经伤害他们了，而且伤得很深……"

这次通话，刘芳努力从一个母亲的角度去劝她。最后小语说："老师，让我再想想。"

第二天，刘芳又打给她，这次主要从年轻人的角度去说。

刘芳说："如果你十七八岁时爱上一个人，可能那段时间他也是真心爱你的。那么你就把这段感情珍藏起来。但是这个感情在一开始就是错的，你现在结束它，就是对的。你还年轻，一切都还来得及。不管是人生重新起步也好，你重新求学也好，一切一切都可以从头再来。"

连续三天，她们每天都这样通话，每次讲大约一个多小时。最初，小语说话似乎已经带有一种灰色的气息，非常低沉，语气却是轻飘飘的，对什么都无所谓，对外界有一种心死的冷漠。第二天，就感觉她轻松了一些，更愿意与人接近了。第三天，她主动问刘芳："我该怎么办？"

刘芳说："你必须回到学校，换个学校，回到教室里面对，重新做回你自己。你现在不是你自己，你只是一朵早开的花。"

沉默了一会儿，小语说："这段时间，我都不给你打电话了，你也别给我打电话。我想自己决定一件事情，好吗？"

"好。"刘芳答应了，但是再次强调了一件事，"小语，这些天我都没来得及跟你谈谈我自己。我是一个盲人，不是天生就看不见，而是后来得病了，得病的时候我还很年轻。这个打击比很多打击都要大，但我选择坚强。"

"啊，这样子的呀？！"电话那头，小语非常吃惊。

"所以，你要是坚持不下去的时候，可以想想我的情况。"

此后，小语再没有打来电话。

三个月过去了，刘芳收到她发来的一个短信："刘老师，我已经做了一个决定，选择回到课堂。我不死，为他死，不值得。"

再后来，小语就没了音讯。自始至终，她俩都未曾谋面。不过，刘芳不再担心了，因为这个姑娘已经重新找回了人生的意义。

第八章

那些穷孩子，那点滴的爱

2015 年 11 月 21 日，刘芳（左三）在贵州省黔东南州雷山县农村参加教育扶贫公益活动

老师，看到我们心情就好多了吧，就像你当年撒下的种子，种下的花，如今开花结果子了，是吧！

1

有一年中秋节，刘芳给学生布置的作文题是《中秋感怀》，很多学生写到了吃月饼的经历，可是男生陈龙（化名）写的故事却与众不同：

中秋节到了，每个人都在吃着月饼。而我却不知道月饼是什么滋味，甜的？酸的？看到很多人不爱吃，把月饼丢在了垃圾桶里，我好想捡起来吃了。

刘芳读得很心酸。

有些家境比较好的学生不喜欢吃月饼的面皮，把馅吃了，皮就丢了。中秋前后，班级的垃圾桶里有很多月饼皮，有人直接把半个月饼丢了进去。

刘芳让人带着自己去陈龙家家访。这个男生的父母都在外地打工，他跟着老人过，家里很穷。刘芳正跟他爷爷谈着，外头起了风，她听见风吹窗户的声音有点奇怪，就伸手去摸。一摸，窗户上连玻璃都没有，只有几片塑料纸在风中“扑啦啦”地飘摇……

第二天，她带给陈龙一块大月饼。

陈龙接过去，惊喜地看了又看。刘芳说：“尝尝嘛。”陈龙小心翼翼地剥开包装纸，把嘴巴凑上去，轻轻咬了一小口，再抬起头来的时候眼里噙着泪花。他小声说：“刘老师，月饼是甜的。”

多年以后，有一天刘芳接到陈龙的电话，说：“老师，我工作了。”

“好啊！挣得多不？”

“马马虎虎吧，一个月六千多元。”

“六千多？六千多还说马马虎虎？你老师我现在只有两千多。”师生俩轻松地说说笑笑。陈龙提出，想请刘老师吃饭，问她想吃什么。

“你喜欢吃什么就带我吃什么呗。”刘芳说。

电话那头顿了顿，陈龙说：“我觉得，最好吃的是月饼。”

贵州是中国贫困人口最多的省份。2011 年，全省农村贫困人口高达 1149 万人，大致相当于当时古巴或马里的全国人口，而超过希腊或白俄罗斯或比利时。经过政府和社会各界不懈努力，这个数字不断缩小，但到 2015 年底，仍然有 493 万人，超过同期的阿联酋或挪威的全国人口。

学生几乎全部来自农村和进城务工家庭的白云三中，贫困生很多。对穷孩子，刘芳总会多尽一分心力。

2

有个名叫刘小林（化名）的男生，一岁半时因遭遇车祸而高位截肢，只剩了一条腿。他来白云三中读初一时，父亲正在坐牢，母亲体弱多病，家里还有个小弟弟。他的班主任把情况给刘芳讲了，刘芳请他来到“芳芳聊天室”。这是个瘦小内向的男生，特别腼腆，很想跟老师讲普通话，却讲不出来。刘芳当时就决定，承担他初中三年全部学杂费，并且告诉他一件事：“我来给你安个假肢。”

刘小林的眼睛一下子就瞪大了：“什么时候安啊？”

刘芳说：“等你初三以后身体发育定型了就可以安了。不过，老师现在就开始攒钱。”

“真的啊？”刘小林还是难以置信。

当时，买一个比较好的假肢需要1.8万元，这是刘小林那样的贫困家庭无法承受的。而刘芳的工资一个月才3000元，也就是说，这要花掉她半年的薪水。

在学生的协助下，前往教室上课　　新华社记者王全超摄

刘芳跟刘小林订了个契约：“老师承诺的，就一定会做到。而你，要好好读书。每个人的命运都是坎坷的，没有人真正一帆风顺。只是有人讲出来，有人不讲出来，有人被别人看出来了。”

刘小林郑重地点点头。

三年间，他个子长高了，也不再内向，成了个爱说爱笑的阳光大男孩，如果不注意到他的腿，人们几乎看不出这个残疾少年跟别人有什么不同。刘芳想，现在是着手给他安假肢的时候了，可是这件事的实现方式却超出她的预料。

有一次，她去白云区体育局做报告。讲完之后，主持人问她有什么梦想，她说，现在有一个小小的梦想，就是给一个孩子安一个假肢。然后，她大略讲了刘小林的情况。

走出会场后，在走廊里，体育局长拦住她说：“也算我一个！我和你一起为这个孩子实现梦想，一人承担一半。”

事情还没有完。后来，贵阳市护理学校一位姓李的老师打电话给刘芳，说愿意出一千元，给刘小林买根拐杖。不是一般的拐杖，而是残疾人专用的高档拐杖。刘芳把钱给刘小林，但这个懂事的男生没有买那么贵的，只买了一根四五百元的，把剩下的钱给了妈妈去改善生活。他自己特别爱惜这根新拐杖，每次用完都会仔仔细细地擦干净，用布包起来。

事情继续发酵。不久，假肢厂的一位徐大夫闻讯找上门来，对刘芳说：“我们想为这个孩子免费安假肢，不仅免费，而且给他量身定做，还要装更高级的，装五万元档次的假肢。”

安上了假肢的刘小林来找刘芳，说：“有个请求，你能不能答应我？”

刘芳说：“只要我能做到就答应。”

“以后能不能喊你干妈？”

“当然可以啊。”

“干妈……”

这一声叫得刘芳心里一热。

刘小林说:“干妈，你摸摸我的假肢呗。”

刘芳伸手摸过去，只觉得很像真人的腿，很有肉感。她问:“开心吗?”

“开心，以后就可以穿两只鞋了。”

刘芳一听，眼泪都快掉下来了。鞋当然都是成双成对卖的，但在以前的十几年里，这个男孩每次买鞋却只能穿一只，那种难受是正常人难以体会的。

没几天，刘小林又来了:“干妈，我能不能帮你打扫卫生?”

刘芳没有拒绝。她理解这孩子的心情，有腿了，他觉得自己完整了，可以像正常人一样做事了。

初中毕业后，刘小林又读了职业高中，学习维修汽车仪表盘，有了能够养活自己的一技之长。

2015年夏天的一个晚上，将近午夜时，刘芳家的门被敲响了。一问，居然是刘小林。这个年轻人笑呵呵地进了屋，满头大汗，把一只鼓鼓囊囊的蛇皮袋子轻轻放到地板上。他说:“刘老师，我刚从山里老家来，我们那儿的李子熟了，特别甜，摘了一些给你尝尝。”

刘芳吃了一个，咬开皮肉，一股甘甜的果汁浸入口腔，甜极了。而她更开心的是，这个从贫穷与残缺中成长起来的孩子，没有辜负自己的期望，成了一个懂得感恩的人。

3

读初一第一个学期时，王玉和（化名）跟其他同龄的男生没有什么不同，天真活泼，无忧无虑。但是那年过完寒假回来，他就像是变了个人，动不动就开口骂人，还动手打伤了同学。他变得格外调皮，而那调皮里似乎藏着一种说不清的危险情绪。

班主任给他家长打电话，这才知道，过年时，他和父母一起回思南县老家，途中出了车祸，他妈妈当场遇难。他就眼睁睁看着妈妈死在了面前。

要想重新打开他的心扉并不容易，班主任又找到了刘芳。刘芳尽量将第一次接触做得自然。她去给这个班上心理咨询课，下课后，似乎不经意地跟王玉和聊起天来，顺便说："今天就请你送我回去呗。"

到了办公室，刘芳说："在我这儿坐会儿呗。""好嘛。"看上去，这男生还挺开心的，不停地问这问那。聊了一阵子，刘芳反问他："你有没有什么话要跟我说说？"

王玉和突然就没了声音。

刘芳顺着墙摸到沙发前，摸到他坐的位置，蹲在他面前，握住他的手。那双小手的手心潮乎乎的，出汗了，两只手搓来搓去。

"你想和老师说点什么不？"刘芳再次轻声问。

"不想说话了，我没有妈妈了。"

刘芳继续握着他的手，好一会儿，才说："你已经够坚强了。没有任何人能从死神那里把你妈妈要回来。但面对这么大的打击，你这么快就回到校园，还能学习，你挺勇敢的。要是我都做不到。"

王玉和哭了，是那种无声的啜泣，一双手不住地抖。

"但我也有自己的苦恼。"刘芳接着说，"我受的打击和你差不多。你是没有妈妈了，我是眼睛看不到了。老师眼睛不好，帮不了你什么。但是如果你喜欢我，可以经常找我来玩，什么话都能跟我说。"

王玉和点着头。

"如果你不嫌弃我，我能否做你的妈妈？"刘芳说。

王玉和不哭了，说："真的？"

刘芳老师：

您是我们的副班主任，每次您都能让我们心情大好，您能以您开朗的性格让我们变得活泼起来，虽然您眼睛看不见，但我们知道您的心灵是明亮的，希望您能在有我们七(1)班的这三年里，过得开心、幸福。

学生送给刘芳的自制卡片

随后，王玉和长长地叹了口气。那似乎不是这个年龄的孩子应有的叹气，而是一个饱经沧桑的成年人从心底发出的一声叹息。

此后，刘芳经常买一些小东西给他，或是一支笔，或是一本书，或是一袋小零食。而王玉和真的就喊她“妈妈”。有一次，他牵着刘芳进教室，很得意地对同学们说：“刘芳老师是我妈。”

第二年冬天，刘芳买了两件一样的羽绒服，给儿子一件，给王玉和一件。王玉和神气活现地每天穿在身上。这样过了一年时间，他的状态慢慢恢复了正常。他父亲打来电话：“刘老师，真不知该怎么感谢你。有了你，孩子快乐多了。以前他都不理我，一回家，把书包一丢，就把自己反锁在屋里。”

4

管刘芳叫“妈妈”的学生不止一个两个。

有好几届学生，提起刘芳，都会开同一个玩笑：“我们是吃着刘妈的奶长大的。”

近几年，学校为老师们补充营养，每人每天供应一袋牛奶。刘芳自己不喝，拿到班上给学生们喝。每天只有一袋，当然只够一个学生喝，但她让大家轮流喝，每天轮到一个人。这样，半年下来，全班每个人都能喝到两三次。

那一点一滴的爱，在孩子们心里留下了长久的温暖。

2007 年 3 月 20 日，刘芳教过的一个孤儿在日记中写道：

从刘老师接任班主任以后，她把这个班管理得井井有条，对班上的一切事务认真负责，对学生很关心。我很喜欢她，特别是初一时，她知道我是孤儿，没有父母的疼爱，对我既同情又关心。在冬天，她怕我冷着，还送了我一套冬天的毛衣。我真不知道该怎样感谢她，只是在下面默默地看着她，支持她，喜欢她。可是我却不能为她做点儿什么，每次看见班上的同学对她那亲切的样儿，和老师一起漫步，还挽着她的胳膊一起谈心，我好羡慕噢。可是我这人比较内向，也比较害羞，胆子又小，我真的很想像其他同学一样，每天都围在她的身边，挽着她的胳膊，把我内心的苦闷都告诉她，让她知道我这个没有父母的孩子是怎样成长的。如今我已经上初二了，还是原来的老样子，我真的不知道该怎么办。我发现我越来越离不开她。真希望能与老师您一起品味我的成长中的酸甜苦辣，将我成长的足迹一一告诉您。可是我却没有做到。唯一能做到的事，就是每天都悄悄地看着您。说实话，我好想靠近您，在您怀里大哭，说出我所有的烦恼。

2008 年 5 月 19 日，刘芳和她的一些学生接受了当地一家媒体的采访，这名女生也在其中。她在当天的日记中写道：

……当记者问我刘老师做过的最让我感动的是什么时，我的回答是："刘老师是一个善良、很善解人意的老师，当她知道我是一个孤儿时，对我关心有加，还常常找我谈心。一个寒冷的冬天，她还送了我衣服，对我的爱和关心比班上其他同学多出一半。这就是我感受到的最感人的一面。"记者还问我面对镜头说出想要对刘老师说的一句话，我是这样说的："刘老师，初中三年以来，一直都是我们全班四十几个同学看着您的一切，包括您的眼神。可是您却看不见我们四十几位同学的脸。您只能用心去体会我们对您的爱，用声音来辨别我们是谁。我好想为您做点什么，但是我一个寄人篱下的孤儿想做却无能为力，唯一能做的就是默默地为您祈祷，希望有朝一日，您能复明。将来我有钱了，我会帮您治好眼睛，即使我的力量

小，但是全班同学的力合起来，想要治好您还难吗？”

穷孩子常常是最懂得感恩的。你对他一点点好，他会记你一辈子。我们采访刘芳时，印象特别深的是一个学生给她的留言：“是您，在我心里点亮了一盏灯。”

另一个学生写道：“您知道吗？刘老师，我们马上就要离开母校了，恋恋不舍地，我将离开您。我带走了美好的回忆。回想我初一到初二的时候，很不好意思，到了初三才敢大胆地读作文。每当我扶着您下楼的时候，都会开开心心的，每当我帮您的时候，我也是自愿的。我知道您的眼睛不好，如果您要看什么，我就是您的眼睛；您要拿什么，我就是您的左膀右臂。我希望您能把眼睛治好，能看见这美好的世界。”

有一次，刘芳在作文课上偶然提到，小时候特别馋葱油炒饭。第二天，一个女生迟到了，她很生气，严厉地批评了她。可是下课后，这个女生却来找刘芳，从书包里拿出一个圆形的饭盒，里边装满了葱油炒饭，还加了一个鸡蛋。饭炒得不好，一尝就知道是做家务不熟练的人炒的。但刘芳当场就吃掉了一半，边吃边哽咽。

一年毕业典礼上，一个腼腆的女生红着脸问刘芳：“是不是我把一只角膜捐给您，您就能看得见？”

“谢谢你，好孩子，老师的病不是角膜的问题。”

小女孩想了想，又抬头说：“那我就把一只眼球给您吧。”

说起这件事，一直微笑面对我们的刘芳突然红了眼圈。

刘芳曾在一篇题为《在路上》的文章里写下学生们带给她的感动：

一路走来，我们并不孤独，大手牵着小手，我们互相陪伴着走

一段，三年、六年的缘分，一辈子的情谊。你有没有这样的经历，一个孩子冲进办公室，猛然看到你，脱口而出："妈！你找我呀？"错喊的一句话让你笑了，他的脸红了，大家的心暖了；有没有这样的时候，一个孩子拉了你的手，涨红了脸，噙着泪水，鼓起勇气说："老师，我没有妈妈了，可以把你当妈妈吗？"把老师这份职业做到这样就是一种境界了，那是一份情，你曾经付出的，今天在收获。记得有一次我住院了，毕业的学生买了好多东西来看望我，他们说："老师，看到我们心情就好多了吧，就像你当年撒下的种子，种下的花，如今开花结果子了，是吧！"此刻除了幸福地微笑，你还需要做什么呢？

5

然而，也正因为大山里的贫穷，刘芳留下了许多遗憾。

这里经常有学生辍学，为了生计，那么小的年纪就不得不回家务农，或是跟随大人外出打工。最令人心忧的是那些女生，才十六七岁，就被喊回去嫁人，以此换来一些彩礼，从此与丈夫、孩子、农活儿为伍，早早地被掐断了求学之路。这是一种恶性循环：越是贫穷，就越想早一点结束读书，出去挣钱养家；而越是书读得少，文化层次就越低，就越难以摆脱贫困的枷锁。而且，这种恶性循环不是一代人的事情，而是一代接一代不断传递。

每次有学生辍学，刘芳和同事们就要三番五次地去学生家里，苦口婆心地劝说家长，希望他们能让孩子重返课堂。可是，很多家长看不了那么长远，不仅不领情，还常常把老师们臭骂一顿，甚至把他们轰出来。有时候，到了学生家里，一看那样的生活境况，刘芳甚至自己都不忍心开口劝学生回来读书——那些家庭太穷了，用"家徒四壁"都不足以形容其贫穷，因为他们连一面严格意义上的墙壁也没有，房子是用木柴搭成的，顶上盖着茅草，十天半个月才能吃上一次肉。生活都这样困难，怎么能指望他们安心读书？

有一个女生名叫陈玉秀（化名），在数学方面非常有天分，每次考试，她的数学成绩都遥遥领先。刘芳觉得，这是个可造之才。但这个女生有一点特别固执，就是无论如何也不让老师去她家家访。这是个非常内向的女生，脸上很少露出笑容，从不主动与人打招呼。问她究竟出了什么问题，她总是说“没什么”。刘芳问了几次，她都不说。刘芳没有再坚持，她感觉到，陈玉秀家里一定有什么难言之隐。那就尊重学生吧，“要像保护孩子的眼睛一样保护他们的自尊心”。

中考之后，陈玉秀成绩不错，完全可以读高中。可是，她却没去高中报名，从此音讯皆无，认识的人说她走了，出去打工去了，好像是去了浙江，为了养活她瘫痪在床的父亲。自此，刘芳心里就结了个疙瘩。

十年后，有一次刘芳去一所小学办事，在校门口，有个女人来到她面前打招呼。听声音似乎很陌生，刘芳问：“你是谁啊？”那个女人立刻就哭了：“刘老师，你已经完全看不见了吗？我是陈玉秀啊。”

刘芳一把抓住她的手，震惊不已：“你是陈玉秀？这么多年，你究竟到哪儿去了？你知道吗？我一直在找你。”

陈玉秀低下头，泣不成声，断断续续地回答：“我……知道……”

“那你知道我为什么找你？”

“知道……你是想让我回来读书……”

可是，一切早已时过境迁。那天，陈玉秀是来接自己的孩子放学的，她的孩子都已经六岁大了。

第九章

最大的遗憾

一名残疾学生送给刘芳的画作

等我挣了钱，一定帮您治好病。我就是您的儿子。有什么事情，您喊一声，我就会来的……

曾祥雷，刘芳最大的遗憾。

他来自一个普通的农村家庭，学习成绩也并不出色，并且似乎很不安分，从读初一开始，就老是旷课、逃学，很调皮。他去黑网吧，一泡就是一天，刘芳把他叫回来，说：“你想想，那个网吧老板会让自己的孩子去网吧玩不？”曾祥雷搔搔头皮，好像听进去了，但没几天，又跑得没影儿了。

时间久了，刘芳发现，曾祥雷其实是一个很有梦想的孩子，心里有个艺术梦。他的“成长档案袋”跟其他同学的很不同，那样普通的一个牛皮纸袋，他都用心去装饰，做得很美。正面四周边缘，他画上了绿色的叶、红色的花，纹理繁复，精致如工笔。花朵之间，他写了一些句子，有两句像对联一样对称地写在两边：“我如艺术，艺术如我。”而另外四句首尾相望，绕着边缘形成一个回环：“因为有一个梦，所以我敢去想；因为我敢想，才有勇气去做这个梦。”

袋子的背面，是他自制的“个人档案”——

姓名：曾祥雷

星座：天蝎座

喜欢的明星：黄家驹

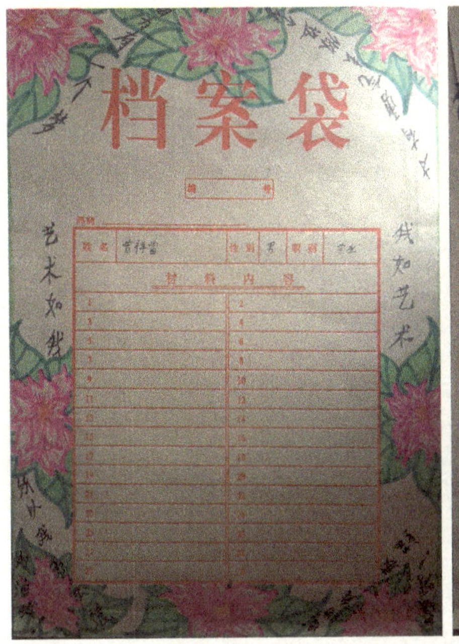

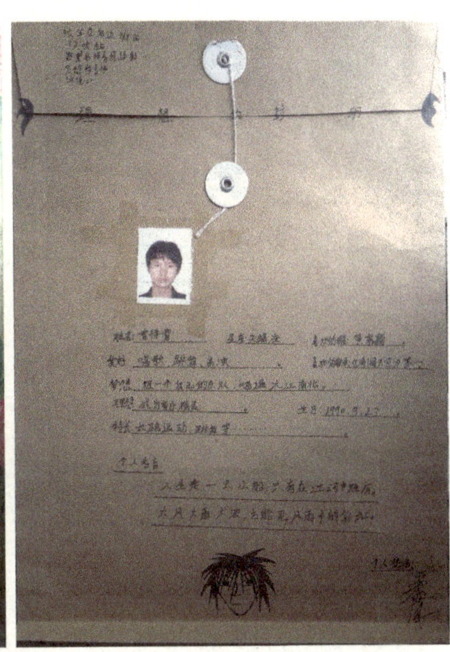

曾祥雷的成长档案袋　　李柯勇摄

爱好：唱歌、跳舞、表演……

喜欢的歌曲：《海阔天空》等

梦想：组一个自己的乐队，唱遍大江南北

理想：成为音乐的精灵

特长：长跑运动、跳舞等

生日：1990 年 9 月 23 日

个人名言：人生是一只小船，只有在江河中经历大风大雨大浪，方能见风雨中的彩虹。

他还题了一首小诗在上头：

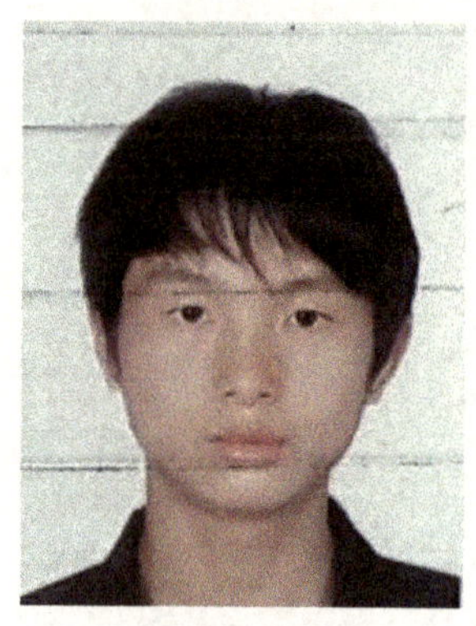

曾祥雷

独坐在路边街角
冷风吹起
默默地伴着我孤影
只想将吉他
诉说心

底下，笔走龙蛇地签上了他自己设计的签名。

最特别的是，他在袋子的背面贴上了一张一寸大小的证件照片，这是其他人的档案袋上都没有的。由此，我们得以见到当时这个男生的样貌：长得很清秀，称得上帅气，有一头柔软的黑发，一对梦幻般的眼睛。

袋子里，有他放进去的很多篇小随笔，一些句子写得很有灵气。比如："有人说，人生是一片大海，在这茫茫人海之中有无穷无尽的故事。我认为在这茫茫人海之中是一片音乐的海洋，它在唱着生命的交响曲。它让我知道世间的亲情，也让我知道战争的冷酷无情。"

而在一篇题为《我愿做奔驰的骏马》的随笔中，他写道：

春的到来是短暂的，青春也是如此。青春这个美好的季节，正把握于我们的手中。如果不珍惜，不懂得把握住一分一秒，当再次蓦然回首，已成当日的悔恨，已成昨天的历史。

我！不愿屈服于命运，不愿落后于别人，上天让我做了人，我就要活出一个人样，精彩人生，光辉岁月。我愿做一匹骏马，一匹奔驰在高山、在原野、在河畔的骏马。我不会默默地来，默默地去。我是骏马，我要狂奔，勇往直前，我就是骏马，马蹄声是我生命的节奏，狂奔的技巧是我舞动的人生，我是音乐的精灵，当我停下来向天高叫，因为我已到了下一站的桃源。

青春的风铃，吹开了我懵懂的心扉；青春的歌声，开发出了我的原动力；青春的音符，带动了我向往的希望……

他也有青春期的苦闷。读到初二时，他一度变得沉默寡言。他不自信，喜欢上一个女生，又觉得自己长得丑，对学习也缺乏信心。在随笔中，他把这样的话写给刘芳听：“在一个孤单的世界里，有什么能让我开心的！没有人了解我，谁知道我已经不是以前的我了。慢慢地又感到失去了什么。没有人知道，以前一个爱说话的人，却变得不愿意讲一句话。我孤单的时候，只有 BEYOND 这本吉他书相伴着我……为什么我会这样？因为我没有一个知心的朋友告诉我人生的哲学，前方的道路还有多么的漫长……”刘芳开导过他，但他在初二下学期时还是辍学了，并且被人骗到了一个打着培养“明星”幌子的诈骗团伙中。

刘芳找到他的母亲，几乎是用半强制的方式，把他拉回了学校，对他说：“先把书读好，才能更好地追逐梦想。”

当时，曾祥雷对刘芳还有些抵触，自暴自弃。刘芳就用各种方式启发他。有一次，学校其他班级有个学生意外丧生，刘芳特意选曾祥雷代表本班去送花圈。这个敏感的男生很快懂得了老师的一片良苦用心，在接下来的随笔中写道：

当我那天去给死去了的那位同学送花圈，我已知道刘老师的用意了。刘老师是为了让我珍惜生命，不要做一些无意义的事，我从中也理解了人生的道理。人从一生下来到回归大自然，只不过是短短几十年的光阴。说真的有时我感到自己的确有一点不听话，这是我的一点缺点。不过，我会改的。在这一生中我不想过平淡的生活，这样活着没什么意义。总有一天我要告诉在我身边的人，我不是懦夫，就算人生有太多的凹凸不平的路，就算一次次摔倒，我都会站起来。坚定不移，我相信我能实现自己的理想，总有一天我会让所有的人知道我的名字。

他开始努力学习，并且继续追逐自己的艺术梦。有时他画了画，会拿来送给刘芳。刘芳看不见，他就拉着老师的手，触摸画面上的荷花。他喜欢弹吉他，常常跑来弹给刘芳听。尽管他经常弹得走调，刘芳还是会鼓励他，有时还会为他配唱一曲。

初中毕业后，曾祥雷又读职高，读的是经济管理专业，然后如愿找到了工作。他告诉刘芳，自己终于可以到更广阔的天地里去追梦了。

2011 年有一天，刘芳的手机响了，打来的是曾祥雷的母亲，在电话那头哽咽……

曾祥雷死了。

他出去打工，跟着一个施工队去修路架桥。一天早晨，他吃过早饭后照常上工，走到正在施工的大桥上面。桥面上两块水泥板之间搭着一条木板，供工人们往来通行。以往，木板都要用螺丝固定住，可是前一晚下班的工人偷了个懒，将木板随手往那里一搭就走了。曾祥雷踩上去，一脚踏空，从四十米高的地方摔了下来……

整理遗物时，他的父母发现，在一个笔记本上他写了一封信，两页纸，写于他死前一周，还没来得及寄出，是写给刘芳的：

……我一次次逃课，您一次次把我叫回来，一句都没有骂过我。现在工作了，很开心。但每次想到您眼睛不好，我就很难过。等我挣了钱，一定帮您治好病。我就是您的儿子。有什么事情，您喊一声，我就会来的……

这，是人们所知的他最后一个愿望。

刘芳到曾祥雷家里去，把这两页纸拿在手中，只觉得自己是那样地无力。她可以带给学生们快乐的课堂，可以让穷孩子感到温暖，可以扭转青春期的任性，却无法战胜覆盖了这片土地已有千百年的根深蒂固的沉重的贫穷。

第十章

失败的八天

摸索着前行　　新华社记者王全超摄

也许，只有社会这个熔炉才能重新铸造他们空洞的灵魂，让他们充入一点人性，改变一种活法。

刘芳教学的强项是带“差班”。

像中国其他很多学校一样，白云三中根据学生考试成绩的优劣划分不同档次的班级，把“好学生”集中在一起，让他们互相促进，可以学得更快、更好，这就是“好班”。而进不了“好班”的学生，则组成了“差班”。几乎所有老师都争着去带“好班”。当然，没有老师不喜欢品学兼优的好学生，但更实际的原因是，教基础好的学生更容易提高升学率，这是老师评职称、晋升职务最主要的业务依据。

刘芳当老师二十三年来，几乎从没有机会带一个“好班”，这的确是很郁闷的。可是，她带“差班”居然也带出了不少出类拔萃的学生，照样考进了重点高中甚至重点大学，这反而让她更加自豪——把“好学生”教好谁不会？把“差学生”教好才是真功夫。

其实刘芳反对用简单的“好”和“差”去评判那些尚未成年的孩子。在她看来，他们还处在人生起步的阶段，所谓“好”与“差”都是相对的，只是尚未充分展开的人生的一个侧面，就此下结论还为时过早。而每个学生的“好”或“差”都不是没有缘由的，都映射着他们所处的家庭、社会背景。并且，往往是那些“差生”，带给她更多的思考。

“差班”确实很难带，最极端的一个案例发生在2008年春天，那也许应该算是一个失败的案例。

当时，为了提升就学率，白云三中把近几年已经离校却没有正常得到毕业证的三十多个学生又招回来充数。本来要把他们分插到各个班去，但他们普遍比在读学生年龄大，身上沾染着很多不良社会习气，一下子就搅乱了班级原有的秩序，让班主任们头痛不已。无奈，学校只好把这些人集中在一起，临时组成了特殊的“初三（8）班”，那简直是“差班中的差班”。

为了镇住这帮“老油条”，学校动用了重量级教师阵容担任初三（8）班的科任老师，校长、主任全上，刘芳也位列其中。得知这个消息，刘芳笑了一宿，心想，这意思是认可我“能力强”喽。

她与这个班的学生们前后相处了八天，那是艰难的八天，辛酸的八天，忧思的八天……

——3月5日，学雷锋日。

刘芳去给这个班上第一节课，似乎也带着一股雷锋般的豪情。

她用一次性杯子端了半杯水走进教室，喊了一声“哈罗”。教室里安静了五秒钟，然后就有人肆无忌惮地大声问：“你是教哪样的？”

又有人嘲讽：“好作怪哦，上课还端水来喝。”

然后就是一阵哄笑。一个女生尖声道：“这是那个刘芳老师嘛，我记得嘞！”

另一个人粗声道：“这就是你以前的‘班妈’喽？”

又是一阵哄笑。

进门就遭遇下马威，刘芳临危不乱，端着水，仍旧笑盈盈地望着台下，闻着扑面而来的烟草、口香糖的气味，听着两三个角落里细碎的音乐声，那是有人在玩手机。

她说：“我端这半杯水来，是想做一个心理测试，测试你们的人

2015 年 9 月 28 日，在贵阳第九届残疾人艺术汇演彩排间隙，刘芳显得有点劳累，搓揉眼睛　　新华社记者王全超摄

生观和价值取向。”

安静了。

她又说：“看这半杯水，你们第一感觉和反应是什么？”

学生们卡壳了，歪着头的，瞪着眼的，挠头皮的，都开始琢磨，吃不准这个眼睛看不见的女老师葫芦里卖的什么药。几分钟之内都没有人接茬，然后，有个人小声嘟囔："怕是有毒哦……"

这句话就像引爆了一颗定时炸弹，全班三十多个人吵开了。

"咋会有毒？老师都喝了一口嘞。"

"老师喝之前，吃了解毒丸。"

"那水可能是纯净水。"

"纯净哪样啊？我都看见渣渣了。"

"怕是百花湖打来的哟！"

"老师会用它来冲厕所吧？"

最后一个人说："老师，这水像你的心灵一样纯洁……"

这句话，又引来一片怪笑，笑声中还夹杂着个别女声的尖叫，教室里越发显得乌烟瘴气。

刘芳依然笑着，说："我原以为你们会针对这半杯水来回答我，但你们比我想象的聪明得多。"她明白，这个所谓的测试已经失败了。这群人这么小的年纪就变得这样市侩粗俗、玩世不恭，她并不生气，只觉得悲凉，悲凉得心痛。

后来，她做了一下自我介绍，这节课就算勉勉强强地上完了。临下课时，她发现，不知何时竟然有人把那半杯水偷偷喝了。

从人缝里冒出个声音："那水没有下毒。"

又是一阵哄笑。

——3月6日。

刘芳一进教室，就有人打招呼："老师，你又来了，今天只有十三个人。"

刘芳笑道："谁是犹大？"

学生愣了，一个人茫然道："我们班没有这个学生……"

话音未落，门就被一脚踹开了，进来两个学生，一高一矮，嘴里都叼着烟卷，衣服斜敞着。教室里有人大声地说："班长，你又来晚了！”

高个说：“关你屁事？”

静了几秒钟。一个女生嘴里正嚼着泡泡糖，吹了一个很大的泡泡，这时猛然碎了，“啪”地一声打破了这片刻的宁静，引起一阵哄笑。

班长开口了：“我还不是看见是刘老师的课才回来的……”

“咣！”门再一次被踹开，六七个黑影蹿了进来，和在座的同学热闹地打着招呼，大呼小叫有五六分钟，然后才变成窃窃私语。角落里照例传来手机和 MP3 的歌声，有人小声地跟着哼哼。

刘芳开始上课：“今天讲著名诗人艾青的作品《我爱这土地》。”

有人马上抗议，说他没有书，并说，发书的老师只挑长得好看的发，像他这样长得丑的报了名也没有新书。下面几声窃笑。有人提醒说：“老师，他就是不想听你上课，鬼扯咧！”

刘芳说：“没关系，我把书借给你，老师已经把诗都背下来了。”

有人怪声怪气地说：“老师是要聪明些的。”

刘芳一句一句地讲解：

假如我是一只鸟，我也应该用嘶哑的喉咙歌唱……

此时，那个女生的泡泡糖不断地爆裂。

这被暴风雨所打击着的土地，这永远汹涌着我们的悲愤的河流……

有人骂那个女生：“闭上嘴！听到你的声音我们都恶心。”还有人说：“那女孩在吃屎。”

为什么我的眼里常含泪水？因为我对这土地爱得深沉……

底下又在哄笑……

讲到最后，刘芳觉得自己的头脑已经麻木了，都不知该如何表达情感，因为她似乎正面对着一群没有灵魂的空壳，没有人关心她讲的是什么。她暗暗自问：有人能听懂并理解了这首诗中的一两句吗？

下课了，她疲惫地往外走，忽听背后一个声音："老师，你慢走。"

这声还算客气的关心，是与昨天最大的不同。

回办公室之后，她才发现，她的语文书被人调换了。

——3 月 7 日。

竟然有二十多个人在座，这让刘芳有点意外。

班长说："刘老师，我们很喜欢你。"

这简直让刘芳有点受宠若惊了。

一个角落里有几个人在大声地谈论着打乒乓球的事，班长呵斥道："你们不能小点声吗？老师要上课了。"

那几个人斜坐着，用白眼翻他，说："你上课时，废话最多，像个婆娘。"

看来，班长也压不住阵啊。

有一个男生站起来，提出申请："老师，我要尿尿！"

全班哄笑。

有人说，不要放他出去，他出去就不回来了。

刘芳说："你去吧，我相信你会回来。"

他出去了，不久就有人发现他在窗外打乒乓球，和一群初一的小孩，他整个一副欺行霸市的样子。

有人说："老师，跟你说了，你都不相信吧。"

刘芳无言以对。

又有两三个人站起来："我们也要去尿尿。"

刘芳说："学校明文规定，上课不能随意请假。"

其中一个说："跟你说实话吧，我根本就坐不住。"然后就在刘芳面前大摇大摆地出去了。剩下的都漠然地看着她。

突然，倒数第二排一个男生大叫："你太恶心了，当着我的面化妆，那眼睛画得跟个熊猫似的，看着我都想吐！"然后做呕吐状。

有个女生坐在最后一排，正在若无其事地用眉笔描着眉毛。

刘芳对那男生说："你把身子坐正，就看不见她了。"

他果然扭正了身子，然后大声说："是的咧，老子好憨哦，坐正了真的看不见她了。"

全班又一阵哄笑。

即使这么乱，还是有些人听懂了今天的课程。这一课，刘芳讲的是台湾"十大杰出青年"之一赖东进的自传《乞丐囝仔》，她想以一个从乞丐到老总的传奇奋斗史来唤醒眼前这群蒙昧的学生。因为这个故事太曲折了，很多学生仰面听着；但也因为这个故事太过于传奇，很多人都不太相信。

最后剩下三分钟时，刘芳说："你们很喜欢听歌，我就唱首歌送给你们。"

老师要唱歌，这让学生们很惊奇。

刘芳唱的是《水调歌头》。苏轼这首著名的词，是课文中的篇目。但其他老师都是作为古诗词来讲的，还从来没有老师在课堂上唱给他们听。

明月几时有，把酒问青天。不知天上宫阙，今夕是何年……

让刘芳意外的是，大家很安静地把这首歌听完了，没有一个人弄出噪音，结束时还送给她十分热烈的掌声。

掌声中，下课铃声响了。

有一个男生站出来，挽起她的胳膊，说："老师，我送你回办公室吧。"

她心头一热，他们原本也是善良的。

——3 月 10 日。

隔了两天的周末，刘芳继续讲赖东进的自传。其实这部自传并不在课程之内，而是她自己喜欢的一本书。初三（8）班的学生们已经很明白地表示过，他们不喜欢课本，也许是以前读书时落下的病根吧，看见课本就想打瞌睡。那么，刘芳干脆抛开课本，开始讲故事。

"赖先生的姐姐十四岁那年被人拐去做了妓女。"她说。

全班一片哗然。有人冒了一句："他姐姐长得漂亮不？"有两个女生尖声笑起来。

刘芳说："这不是问题的关键，关键是他的姐姐以出卖自己的身体来养活这个破损的家。"

有个女生又笑，刚才发问的男同学回头对那个女生说："笑什么笑，你也想出台啊？"

女生很平静地说："出不出台，那是我自己的事情，我愿意！"

男生放肆地大笑道："你们听见没有，她说她愿意！"

一阵哄笑。女生大声说："再说，我就甩你两猫鞭！"

刘芳惊讶得差点跳起来，眼睛瞪得又大又圆。那是贵州方言中一句非常粗俗的脏话，一般的女生是说不出口的。

男生反讥道："你还是不是姑娘哟？敢对我竖中指，老师你看她。"

刘芳的血直往头顶涌，长舒一口气说："我看不见。"

这时，班长出马了，大声呵斥他们，叫他们闭嘴。他转换一个话题问刘芳："老师，你怎么不戴眼镜呢？"

刘芳笑笑说："戴眼镜我也看不见啊。其实也好，眼不见心不烦。"

学生们似乎有点同情这个老师了，接下来一直都很安静。她发现，即使都是"差生"，全班同学还是有些差异的。前两排坐着的，总算还是想学点什么的人；靠窗子边坐的，是想看窗外风景打发这无聊时间的人；只有坐在最后两排和角落里的那些人，才是最顽劣的，他们毫不羞耻地说着很下流的话，声音大得足以让全班人听见，当然也包括老师。

还好，多数学生比较喜欢今天的故事。下课的时候，居然全班起立，说："老师休息！"

也许这又是一点点改变吧？刘芳想。

——3月11日。

走进教室，刘芳清点了一下，有二十四个人来上课了。她对这个数字很满意。

一个男生说："老师，我本来想去厕所抽烟的，但是我决定还是上了你的课再去。"

尽管放肆，却让刘芳有那么一丝丝感动。

刘芳满面春风地问："你们知道抽烟的好处吗？"

所有的男生都把头抬起来，一脸的惊讶。

刘芳自问自答："第一，夏天可以熏蚊子；第二，白天可以防口臭；第三，晚上可以防盗贼；第四，蹲厕所时可以打发寂寞；第五，可以助你早死早投胎，来世重新做个好人……"

听明白了老师是在拿他们开涮，他们狂笑不已。

刘芳说："今天我要讲一首诗，《乡愁》。"随后请大家齐声朗读一遍，他们读得七零八落。刘芳说："乡愁是一种情绪，现在你们还小，不一定能理解。等你们长大了，出门在外了，想妈妈，想家的时候，就有……”

一个男生粗声粗气地接嘴道：“我死也不离开白云区，死都做白云区的鬼。”

哄笑。就有了两种意见，一帮人支持他，说：“不出去打工，打工太苦了，在家里找个老婆，生两个娃儿挺好的。”

另一帮人鄙视他，说：“我们要出去见世面，在白云区没意思，还要被抓回来读书。”

刘芳不想让他们放开了胡扯，开始讲诗：

乡愁是一张窄窄的船票，我在这头，新娘在那头……

有几个男生就窃窃地笑，开始讨论找婆娘的事情。有个女生掏出小镜子来化妆。第一排的男同学对刘芳说：“老师，你别跟他们计较，他们都很不正常。”

刘芳灵机一动，讲了几个精神病院的笑话，他们居然都听懂了，笑得前仰后合。

笑声中，下课铃又响了。他们歪歪倒倒地站起身来，拖声拖气地说：“老——师，休——息！”

刘芳走出教室的时候，后面有人说：“这些笑话太搞笑了，我觉得你们就像精神病。”

她很难过，觉得其中有些人真的还不如精神病。不过听得懂笑话的，依然可以被称为正常人吧。也许，能快乐地活着，不给别人添麻烦，就是对他们要求的底线了。

——3 月 12 日。

这一节课只有九个人到场，而且每个人都在听 MP3 或是玩手机。

天阴着，刘芳穿了件红色的衣服，想给阴天带来点亮色。她努力这样想：有音乐伴奏，心情也挺不错。

她似乎觉得有一个人站起来，离开座位，悄悄地走出去了。她问是谁。其他人摘下耳机说："是村长的儿子。"有人还笑着说："村长个子大得很，所以他儿子个子也大得很。"有人接嘴说："村长钱多，婆娘肯定也多，就是他的儿不太争气。"几个人一阵笑。

刘芳说："今天人少，没法讲课文了，我唱歌给你们听吧。"

底下一阵欢呼。

突然，门被踹开了，村长的儿子回来了，后面还带来七八条汉子，热热闹闹的。有人说，他们本来想出去玩，但听说是刘老师的语文课，就勉勉强强回来了。并且，外面在下小雨，玩也玩不很爽。其他人叫他们安静，说刘老师要唱歌了。他们倒很给面子，随即就安静了下来。

她第一首唱的是蔡琴的《你的眼神》：

我不禁抬起头看着你，而你并不露痕迹。虽然不言不语，叫人难忘记……

刘芳的歌声很美，而这首歌是她的保留曲目，每次在卡拉OK里面唱，自动评分的机器都能给她打八九十分呢。学生们都被打动了，异常安静地听着，连玩手机的声音也没有了。有一个人想抽烟，被其他人制止了。

刘芳一共唱了五首歌，还根据大家的"点播"唱了几出戏。学生们规矩得有点不像他们了，掌声总是在很恰当的时候响起，还有人用手机给她拍照。她唱得很用心，同时想着，不知道这是不是音乐的魅力呢？如果这样能聚拢他们的心，还不如全部开成音乐课呢！

也许艺术能唤醒他们心底的良知。

有个女生说:“老师，你声音真好听。”

刘芳说:“谢谢!”

女生说:“你怎么不去开个人演唱会呢?”

刘芳说:“我长得太丑了。”

大家就笑，不过不再是那种肆无忌惮的哄笑，而是一种会心的温和的笑。

就在这时，不知有个男生对这个女生说了句什么，女生突然发作了:“我甩你两猫鞭!”

一片哗然。有个声音说:“天哪，太不文明了，老师都还在啊!”

刚刚露头的一点温情嫩芽被摧折殆尽，刘芳的好心情骤然跌入了谷底。

下课铃响了。

——3月13日。

“今天咱们上新课,《谈生命》。”刘芳对着教室里的二十多人说。

有人掏烟出来抽。刘芳说，不是讲课文，而是要给他们讲故事。学生们的情绪被调动了起来。那节课，她一共讲了关于生命的八个故事，其中有一个题为《两张火车票》，是关于唐山大地震的——

新婚的丈夫本来很快就要带妻子去北戴河旅游，地震在当晚发生了。在废墟下狭窄的空间里，丈夫不断安慰妻子，鼓励她支撑下去。一片黑暗，什么也看不到，他们摸到，塌落的水泥板下面的床头柜上有两张火车票，一张拿得出来，另一张却被压得死死的。这就是他们要用来旅游的车票。丈夫安慰妻子，不要紧，火车票还可以再买。随后，他就轻声给濒临绝望的妻子讲述外面的世界:北戴河的湛蓝的海，西双版纳热闹的泼水节，橘子洲头甘甜的蜜橘……在对美景的幻想中，妻子暂时忘却了苦痛。

三天后，解放军掀开水泥板，阳光重新洒在这对患难夫妻脸上。可是，丈夫对妻子微笑了一下，就逝去了。妻子震惊地发现，丈夫的右半部身体完全被水泥板砸成了肉泥，殷红的血凝固在废墟的石堆里。

医生非常吃惊，人伤成这个样子，本该三天前就死了。可是，他用爱支撑着自己，支撑着妻子的生命，创造了一个爱的神话……

学生听得很认真，一种从未见过的认真。

刘芳问，听了有什么感觉?

“很感动。”

“不可思议。”

“浑身起鸡皮疙瘩。”

刘芳问：“为什么？”

起鸡皮疙瘩的人说：“因为你讲得太动感情，眼里有泪花。”

刘芳觉得，这是几天来自己上得最成功的一节课。整节课，没有人接嘴打断她，只有安静的聆听。

——3 月 14 日。

这是最后一节课，下星期初三（8）班就要整体搬迁到职业高中去了，这是上级的决定。这群“差生”很可能会带坏其他学生，所以，还是把他们挪远一点好。

刘芳一进教室，只有七个人，其他人都不知忙什么去了。她本来想说几句道别的话，但人太少了，无从说起。学生们提出，自己摆龙门阵吧。她默许了。

忽然，有一个女生在后面哼哼叽叽的。起初刘芳以为是她在唱歌，但后来发现不是。女生站起身来，挪到了第一排，有个男生紧跟着过来，挨着她坐下。这个女生又开始哼哼叽叽，像是在呻吟。

有人在后排坏笑，说：“不要欺负刘老师看不见哦！”

刘芳有点心烦，问他们在干什么。其他人笑得更厉害了。

刘芳觉得胸腔里的血又往上涌，想骂人。

第一排一个男生站起来说："老师，你脸色不好，我扶你去办公室休息吧。反正也没几个人，上不起课。"

刘芳出了门，很想哭。送她出来的男生说："老师，你不要难过，他们就是这样的。我也不准备回教室了，我要去打乒乓球。"

回到办公室，刘芳内心无限悲凉。

就这样，初三（8）班来了，又散了。八天之内，让刘芳深思良久。后来她写了一段感受：

对于校长来说，它如同一个烫手的山芋，只能痛苦地在手里颠来颠去；对于白云三中来说，这些"差生"就像河里泛起的沉渣，当你想把它捞起来的时候，它又打着旋沉入了水底；对其他学生来说，他们就像一阵沙尘暴，铺天盖地而来，造成的破坏与影响近期内都很难打扫干净。也许，只有社会这个熔炉才能重新铸造他们空洞的灵魂，让他们充入一点人性，改变一种活法。

第十一章

出名了

在台上演讲　　新华社记者王全超摄

比起那么多奖杯、鲜花和掌声，这顿无声的饭才是我获得的最暖心的荣誉。

2008 年 8 月，正在湖北老家休假的刘芳接到学校电话：火速赶回贵阳！

赶回去，是为了领奖。

当时，民盟中央、全国政协教科文卫体委员会、香港新世界集团共同发起了“大山的脊梁——感动贵州的教师们”评选活动，旨在发掘并弘扬贵州省优秀教师的先进事迹，呼吁全社会关注农村教育和农村教师。刘芳没有想到，自己以最高票当选“十佳教师奖”。那是她第一次得这么高的奖。

组织者搞了个晚会，在台上给刘芳颁奖的是全国政协副主席、民盟中央第一副主席张梅颖。她发给刘芳一座奖杯，形状像座小山。刘芳拿在手里沉甸甸的，她觉得应该向全场观众展示一下，就举过头顶，晃了晃。后来人家告诉她，别人接了奖杯，都是马上低下头鞠躬，只有她举着晃啊晃，好特别啊！刘芳窃笑：这就是看不见的好处，用不着向别人看齐，本来是做错了，还被认为很有个性。

让她印象特别深的是，张梅颖在发奖之前先轻轻拥抱了她一下，又轻轻在她脸上吻了一下，然后在她耳边轻声说：“谢谢你。”在舞台的聚光灯下，刘芳茫然无措，竟一个字也没有回应她。后来，牵着妈妈上台的十一岁的阿牛拉了拉她的手，说：“妈妈，她哭了，满眼是泪水。”

那天，刘芳特意穿了一条宝蓝色的旗袍，一双高跟鞋，头上还吹了个发型。别人夸她漂亮，她很开心。中午，同台领奖的老师们一起在食堂用餐，菜里有很多鸡肉，刘芳吃不完，坐在那里发愁。旁边一个从山里来的男老师说：“你真的不吃吗？那就给我吃吧。”刘芳把肉让给他，他就真的全都吃完了。当时陪同刘芳的毛艳红告诉她，这个男老师穿着一身很旧的民族服装，却光脚穿了一双崭新的“解放”牌绿胶鞋。他说，鞋是为了参加这个活动才买的，花了六块钱。随后，刘芳又听说了另一位农村教师的故事：他所在的学校位于大山深处，一次下大雨，教室塌了，他就用自己家的堂屋当教室，继续给孩子们上课。而他每月工资只有四十五元，是刘芳工资的六十分之一。

听到这些，刘芳对自己的穿着打扮感到很惭愧。后来她对很多人说：“真正的漂亮不在于外表，而是内心透出来的。那些长年累月背孩子们过河的‘泥腿子’老师，比我更有资格得到‘大山的脊梁’称号。”

从 2007 年起，越来越多的人听说了刘芳的事迹，她出名了，开始获得各种奖项。她的活动范围渐渐超越白云三中，延伸向了更广阔的世界。在这样的过程中，她感受着新的天地，也不断从新的角度看待自己。

2007 年，贵州卫视的《百姓关注》栏目对她进行专访，那是她第一次上镜。

她很紧张，觉得镜头像个幽灵一个跟着自己，随时可能从任何一个角度冒出来，盯着她。所以，她说话不自然，手脚也不知往哪儿放才好。她还担心，会不会把脸照得很大？

片子播出来，几个朋友无情地告诉她：脸果真很大。随后又补了一刀:“脸上斑点也多，腰也粗，腿也短。”顿时，刘芳曾一瞬间闪过脑海的“我离巩俐和章子怡近了一点”的念头烟消云散了。

另一次，她参加一档名叫“倾听女人心”的节目，陪同的毛艳红告诉她，女主持人长得特别漂亮。刘芳突然就觉得好害羞，对自己长相特别没信心，接受采访时尽量侧着身子，半个小时下来，腰都扭酸了……

后来再上镜，她不再畏首畏尾，从容得多了。她希望观众看到的是一个“漂亮的瞎子”。她穿过紫色的职业套装，这样看上去会像一个老师；还穿过宝蓝色的旗袍，这更像一个教语文的老师；穿过红色的衬衣，看上去是一个对生活热情似火的人；还穿过白色的T恤、果绿色的裙子，想传达的意思是做人要清清白白、健康向上……她在镜头前说话也越来越利索。为了给电视台节省一些租用录影棚的钱，她尽量做到简洁、明了。每次下来，编导都夸她思路清晰、口齿清楚，很少答非所问，她听了觉得特别满足。

遗憾的是，她看不见自己在屏幕前的表现，只听见一个有点熟悉的陌生女人的声音，在讲着让她很熟悉的故事。

“那是我吗？”她问周围的人。

他们说:“是的。”

她继续问:“我上镜漂亮吗？”

“当然漂亮喽！”好朋友总这样问答，“但是，脸大得在屏幕上铺天盖地，哈哈哈！”

有时候，主持人会冷不丁来一个现场采访，让人措手不及，这时刘芳的优势就体现出来了，“眼不见，心不慌”。

一次，有一个名叫扬光的男主持人问:“你得到了这个奖项，此时此刻，你最想说什么？”

刘芳说:“我只是做了我想做的事，做了我应该做的事。”

2015 年 9 月 28 日，在酒店房间里练习诗朗诵。次日，她将在贵阳第九届残疾人艺术汇演上表演诗朗诵《别再问我》　新华社记者王全超摄

扬光问：“你的视力现在发展到什么程度了？”

刘芳反问道：“你的名字叫扬光（阳光）是吗？”

“是。”

“虽然我看不见你，但我已经感受到你带给我的温暖。”

有那么一刻，扬光没有反应过来，愣愣地看着刘芳，差点忘了要问的正题。刘芳心里却一阵狂喜，这种自如掌控场面的感受很不错，就像轻松掌控着课堂的节奏一样。

2009 年 8 月，她应邀去做一场报告，讲自己眼睛变坏以来的奋斗经历，听众是白云区副科级以上干部。那是她第一次走出校园做报告，第一次被推到了公众面前，还是有点紧张的。组织者要求准备八千字的讲稿，并且全部背下来，脱稿演讲，她整整准备了半个月。先是自己起草、修改稿子，然后让阿牛读，用“随身听”录下来，她再反复听、记。可是一到了台上，她只用十八分钟就讲完了全部内客，后来听众形容，她讲话快得像在打机关枪。当时总共六个人做报告，她是第五个出场，生怕自己拖得太长惹烦了听众。即使她讲得那么匆忙，台下四百多人中还是有很多人掏出了纸巾，悄悄抹眼泪。

从第二场报告开始，她就放松多了，几天内连讲八场，把白云区全部八个街道办事处全讲遍了。到 2015 年我们采访时，她已经在贵州各地的机关、厂矿、学校做过一百多场报告，成千上万人认识了这个非同寻常的盲人女教师，并因她而感动。其中，她去贵阳市盲聋哑学校、黔东南州剑河中学演讲之后，这两个学校一大半学生的期末作文写的都是刘芳。

当然，并不是所有的人都有耐心听一个盲人讲话。有一回，她在贵阳市一个开发区做报告时，坐在前排的一个男人不停地接电话，大声讲话，还吐痰。每当有这样的噪音，刘芳的思路就被打断一次，最后她忍无可忍，“啪”地一拍桌子，怒道：“开发区的朋友们，你们这里是最富有的地方，但是物质的富足还不够，我更希望你们的精神里也装点东西，首先装进去的应该是相互的尊重！”随即，她抬起头，似乎望着会场的尽头，举起手指着一个角落：“后排那位女士，你刚才接了十五个电话，铃声是‘我在仰望，月亮之上……’”她唱起来，模拟那个手机铃声，“你还主动打了三个电话。”她又转向另一个方向：“我想另外感谢几个人，两个剪指甲的，你们剪指甲的声音很动听悦耳；五个打哈欠的，你们的声音高亢而悠长，昨晚上一定没有休息好，今天还得勉为其难地听我们做报告，真的很对不住大家……”

台下片刻寂静之后，突然爆发出雷鸣般的掌声，大家觉得这个盲人太神奇了，什么都知道，而且还那么幽默。刘芳哭笑不得，她要的不是对精彩表演的认可，而是心灵的沟通与真诚的尊重。

讲得多了，她学会了应对各种意外情况。而每当几个人同台做报告时，她总是被安排在最后一个，所以开讲之前，她不得不正襟危坐，面带微笑，一坐就是五六个小时，真是如坐针毡。她强迫自己学习坐禅，苦熬到底。每次上台之前，她都要深呼吸三下，然后在手心里郑重地写下一个“安”字，让自己的内心安静下来。她把演讲看成是另一种人生修炼。

走出去，她结识了许多残疾人朋友，这给了她一种别样的归属感。

2008 年，她参加贵阳市第五次残疾人大会，每次休会的时候，就听到视残联主席朗声喊道：“开起我们的‘小火车’，回我们的大宾馆！”起初她不明白什么意思，后来才知道，一群盲人代表一个搭着一个的肩膀，作火车状走出会场。她觉得那情景很好笑，但同时又亲切地意识到：我也是他们中的一员。

会议期间，一天就餐时，刘芳和一群聋哑人坐一桌。他们手语问她的陪护：“她是做什么的？”

陪护说：“当老师的。”

他们又问：“她哪儿不好？”

陪护说：“眼睛。”

他们惊奇地说：“看上去，她不像啊！”

上菜了，第一盘是一道肉菜。刘芳对陪护说：“我不喜欢吃肉。”再上菜时，只要是有蔬菜，聋哑人们就会一起伸出手，把转桌轻轻地转向刘芳，把那道蔬菜停在她面前，而他们自己就使劲地吃肉。

陪护不停地给刘芳夹菜，聋哑人们就站起身来，不停地给陪护夹菜。

整个餐厅里，他们是最安静的一桌。面对这些聋哑人，刘芳下意识地把说话的声音压得低低的，尽管她知道他们其实听不见。

最后上水果拼盘了，陪护用手语告诉他们，刘芳最喜欢吃水果。于是，没有一个聋哑人去动那个拼盘，而是又轻轻地把转桌转动起来，让水果停在她面前，并用手语告诉陪护："全部给她吃吧。"

他们似乎觉得，刘芳没有吃肉，就等于什么也没有吃到，这顿饭就等于没吃好。就这样，那样一群聋哑人全都微笑着，看着一个盲人吃水果，坐在她旁边的那个聋哑人甚至都笑出了声。

刘芳含着泪吃完了所有的水果。

有个聋哑人示意服务员，再来一盘水果，服务员说："没有了。"他们才惋惜地看看空盘子，看看刘芳。

后来刘芳说："比起那么多奖杯、鲜花和掌声，这顿无声的饭才是我获得的最暖心的荣誉。"

第十二章

作文与做人

在贵阳市白云区的西南风书店“闻书香”。虽然失明，但刘芳仍保持着逛书店的习惯　　新华社记者王全超摄

失明前，文学还仅仅是刘芳的爱好之一。失明后，文学则成了她与世界保持心灵交流最主要的方式。她会随手把生活中一些细节记录下来，特别是那些可笑的琐事。

离开了文字的刘芳，就不是一个完整的刘芳。

她始终忘不了高中语文老师周光华对自己的启蒙。周老师本是上海复旦大学中文系的高材生，“文革”时来贵州当知青，分到工厂里当工人，后来工厂子弟学校招老师，他就顺利地当了高中部的语文老师。周光华身材瘦高，其貌不扬，在许多人眼里，他长相甚至有点古怪，上身很短，下身很长，皮肤很白，下巴很短，两颗门牙很大。他挺爱笑，每次笑起来，刘芳都觉得他特像一只没长耳朵的兔子。他后颈脖也很短，于是头向前微倾，总背着一只黑色的人造革书包，里头两大摞书挤挤挨挨的，拉链总也拉不上。怕书掉出来，他总是拿手按着。

刘芳最欣赏周老师上课的样子——手里拿着一本语文书，眼睛认真地盯着书本，偶尔要写板书时，才把头抬起来，偏斜着拿一支粉笔，在黑板上画字。说他“画字”，是因为他好像不是在写，只是很随意地勾出些潦潦草草、飘飘忽忽的笔画，像烟雾盘旋，都看不清楚。但是，这些都不会影响刘芳听他上课时由心底冒出的四个字“才华横溢”。周老师时常陶醉在文学的海洋里，从表情到动作到语言，都会让人觉得他正神游其间。不知不觉中，学生们都跟着陶醉进去。他讲得太引人入胜了，并且时常展现出惊人的记忆力，对课外知识旁征博引，信手拈来。他的知识是那样丰富，以至于刘芳总在怀疑他书里夹了什么卡片。有几次下课后，她偷偷地去翻周老师的课本，惊讶地发现里面很干净，干净得连一个字的笔迹都没有。这样，她对这位老师就更加高山仰止了。

高中毕业那年，周老师邀请学生们去他家玩。别的刘芳都忘了，但却清晰地记得他的书房，四面墙，有三个顶到天花板的大书柜，满满的全是书，而且清一色用牛皮纸包了，又在书脊上写了书名。当时刘芳心里就冒出来一句话：一个顶天立地的人，背后一定有一个顶天立地的书柜。这巩固了她当一个语文老师的决心，以及对文学的爱好。

失明前，文学还仅仅是刘芳的爱好之一。失明后，文学则成了她与世界保持心灵交流最主要的方式。她会随手把生活中一些细节记录下来，特别是那些可笑的琐事：

我上火了，嘴角起了一个大泡泡。我手痒，抠破了几次，好久才结了一个痂，深红色，很显眼。

中午，出门去觅食，正遇到夏老师觅食回来，迎面而来。我们打招呼，她瞪着大眼睛，看了我一眼，伸手往我嘴角上一挖，边挖边说：“好大一片辣椒皮，你看你！”

一阵钻心的疼痛袭击了我，我没有言语。血从新的伤口流了出来，她愣了一下，说：“哎呀，不好意思，我还以为是辣椒皮呢，呵呵！”

说完，扬长而去。

分明听出了她的惭愧之情。

我疼到无语，心里想，真是个好心人。

幽默、辛辣，是她的一贯风格。下面这一篇，被她命名为《初恋是条绝路》：

学校周围修路，出入艰难，平日里十分钟就能到达，如今走路要五十分钟，坐车要一个小时，还得不塞车。司机师傅说，干脆另辟蹊径，走一条老路。

我们都听师傅的，只要能按时到校。

七拐八拐上了土路，师傅幽幽道："这是我初恋时爱走的一条路，她叫小翠花……"

我们顿时兴致盎然：你那会儿多大呀？她长得好看不？你们爱了多久？

问题还在继续，车就戛然而止了。路的尽头是一大堆黄土，一看就是刚倒在那里的。

全车人愣了一秒钟，我说："初恋之路一般都是这样的。"

她特别爱记录一些黑色幽默的、带有荒诞色彩的片断。比如这篇《倔强的出纳》：

以前工资是现金，因为不多。出纳是个男老师，平时就很倔强。

下班了，上了一下午课的黄老师才有空去领她的工资，她三步并作两步跑进了总务处。

出纳在锁抽屉，黄老师满脸堆笑道："我来领工资了！"

"可是我下班了。"

"对呀，我也才下课呢。"

"我的意思是说，我已经下班了，明天你再来吧。"

"可是我来都来了，你不是还没有走嘛。"

给学生们上心理健康教育课

“不行，我告诉你了，我下班了，抽屉都锁上了。”

“问题是我还没有走啊，你也还在这里嘛，你打开拿给我就行了嘛。”

“不行，我下班了，下班了就不能做事情了，没有人规定我下班了还要加班，谁也不会给我加班费呀，对吧？你也不会给的，对吧？”

“有那么复杂吗？我就在这里，你就拿给我吧。”

“你在这里不等于我非得也在这里。你可以在这里，我也可以下班，你就当我不在这里了嘛。”

“可是你不还在这里的吗？笑话，顺手就完成的事情，至于吗？我来都来了。”

“至于，因为我已经下班了，我要跟你讲几遍？”

“你不是还在这里嘛。”

“我在这里，这是事实，但是我下班了，这也是事实，不能因为我还在这里，你就认为我还在上班，我下班了已经。”

“你到底要不要发工资给我？”

“错，不是我不发工资给你，而是我下班了，现在不能发给你，等我明天上班再发给你。”

“那我明天再来！”

“这就对了嘛，扯这么久，又没有用。”

“我懂了——神经病！”

还有那些家长里短中浸透着的人性：

叶儿听说我想给儿子买一个摇椅，就主动投怀送抱地说：“我家有一个多余的，在煤棚里摆了两年，放着也可惜，就送给你吧！”

我大喜过望，就开始盘算什么时候去拿，拿的时候好好请她撮一顿。这一天终于来了，她亲自给我送来，先是一阵地夸这椅子有多好……然后又说：“价值二百六十元。”……然后又小心地说：“运费是三十元。”……最后很不好意思说：“打的花了五元。”……终于把椅子安顿好了，她又轻声嘟囔着：“最近手头有点紧，幸亏你肯要我这椅子……”

是个傻子都明白了。我很干脆地拿了三百元给她，还拉她出去小撮了一顿，席间还说了一大堆感激她的话。

那天晚上，天空飘着小雨，入秋的雨有点凉，我在怀疑是不是在下小雪，但肯定不是。

好朋友知道了，就一阵唇枪舌剑，把我骂得体无完肤：“你傻呀，人家放了两年的废物，你当个宝啊，她不送你，你不晓得不要啊，家具城里卖的还有靠垫……”

我无语，只是头有点大。

第二天晚上，叶儿来了电话，说：“好姐姐，那椅子还好坐吧？阿牛还喜欢吧？我今天用三百元买了一个皮包，还挺好看的呢。”

我更加无语。没那么残酷吧，我自己的包才三十元一个呢。

写得多了，刘芳常因自己观察得入木三分、刻画得一针见血而自得。

她向来是一个爱憎分明、嫉恶如仇的人，习惯了说话不给人留情面。有时，听到有人夸自己伶牙俐齿，她觉得心里很爽。但是，也有人说她尖酸刻薄，她就会为这样的评价耿耿于怀，觉得相当委屈，“我有吗？只是实话实说罢了。”

她读高三那年，一天中午，太阳火辣辣的。她背着书包往学校赶，迎面走过来一个武警战士，看样子刚入伍，很年轻，风纪扣没扣，帽子很随意地斜扣在头上，头发又脏又长地从帽檐下支出来。她觉得胸腔里有股热血往头顶直蹿，站定，喊：“你站住！”

小战士莫名其妙。

她用手指着他：“当兵的，你看你像什么样子，简直丢军人的脸！”

战士愣了，脸“腾”就红了，一直红到脖子上，连忙又系扣子，又扶帽子，低着头从她身旁跑掉了。

她读大学二年级时，教政治的是个女老师，脸小的只有猫脸那样大，而且冷若冰霜，从来没笑过。这位老师上课枯燥乏味，一半学生在睡觉，一半的一半在谈恋爱，剩下的几个人在用手指顶着眼睛硬撑着听课。几次课下来，女老师觉得学生不太买她的账，有点愤愤然。

有一天，女老师毫无预告地抱了一摞卷子来，说："今天半期考试，成绩将计入期末。"台下学生们一阵骚乱，都定睛看着她，说："不会吧，要考试招呼也不打一下？"女老师冷酷地扬起小下巴，沉下眼皮，一言不发。所有的人转向班长，班长缓缓地站起来说："我们都还没有准备好，老师，饶一个礼拜天吧。"女老师撇了撇嘴，没说话。

班长坐下后，所有的眼睛都盯着刘芳。她也觉得自己该出场了，于是用手撑着桌子站起来，正色道："老师，你太不公平了！学好了你再考我们吧，我们从你这没学到什么！"

女老师的脸顿时变得通红，抱着卷子走了。同学们一阵欢呼，刘芳感觉心有点慌，但仍然觉得自己的正义之举是理所当然。而真正理所当然的是，那个期末考试时，她尽管考得挺好，却只拿了三十九分，别的同学都是八九十分。

支撑刘芳的是大部分人的赞许，觉得她说起话来鞭辟入里，好不痛快，她却因此得罪了不少人。

失明前后的想法是不一样的。在黑暗中独处，她回想过往，觉得"尖酸刻薄"的评价其实不算过分。

从前，对喜欢的人，她会把他们夸得像朵花，他们所有的缺点都是可爱的装饰，还要求大家必须跟她一起接受并且欣赏；对不喜欢的人，哪怕他们主动帮助她、讨好她，她也会鄙夷地冷嘲热讽一番，让人家哭笑不得。

所以，有人送她外号：小鲁迅。

他们说，刘芳时常在墙角那里对鄙视的人放冷箭，让他们下不了台。

她曾经对着一个领导说:“只有社会分工的不同，没有高低贵贱之分，不要以为你是干部就以势压人。”她曾经对一个同事说:“你总是说些黄色段子，你有没有觉得你很渴望成为这段子里的主人公啊，难道你就靠这个活着?”她曾经对一个她认为不称职的共产党员说:“你能混进这个队伍，得套几层羊皮呀?!”

患上眼疾之后，尤其是快要走进黑暗的那几年，她就像一只刺猬，经常竖起尖刺对着那些有意或无意伤害她的人。其实，这外表下，是她的担心，担心被人家瞧不起，担心人家怀疑自己的教学能力，担心自己会被转岗或者是下岗，担心一切可能发生的事情……那是对未知世界和假想灾难的恐惧。她委屈，她抱怨，她无助。她痛苦地认为，打败自己的不是眼病，而是这些精神上的摧残，她只能用尖酸刻薄的语言来伪装自己，保护自己，就像小时候作为独生子女的她战战兢兢地骗别人:“你别想欺负我，我家有五个哥哥!”

随着时间推移，年岁渐长，视力不断下降，她收敛了伶牙俐齿，收起了尖酸刻薄。换个角度一想，她觉得应该感谢那些折磨她的人，是他们给了她一个逆境和无数的险滩，让她充满斗志;应该感谢那些质疑她的人，是他们让她对工作投入更大的激情和智慧;应该感谢那些担心她的人，是他们让她努力思考能继续跟他们并肩前行的方法，让她以自己的方式弥补了生理上的缺陷，给学生一个完整的老师，也给她自己一个完整的人格。

还有什么比互相尊重更让人舒心坦然的呢?完全失明之后，她反而走出生活的阴霾，心里豁然开朗，发觉一切的担心都是自己想多了，想偏了。人啊，善良的还是占绝大多数，少数的“坏人”也总有他存在的意义和价值。

她转变了说话的风格。大家惊喜地发现，她还是伶牙俐齿，只不过配上发自内心的感激的微笑，变得诙谐幽默、风趣可爱了。而她也觉得大受其益，朋友更多了，想伤害她的人远远避开了，在那些原来她不喜欢的人的身上也看到了可亲可爱的一面。

她说："最包容我的永远是学生，他们没有嫌弃一个看不见的老师，我为什么要嫌弃自己，从而怨恨那些并不存在的罪恶呢？是学生教会了我重新寻找生活的态度。"

胸怀因走进黑暗而变得更加宽广，这是她始料未及的最大的收获。

2015 年 10 月，她写了一首题为《闻香》的短诗：

闻茶香
你渴了
闻饭香
你饿了
闻草药香
你一定是生病了
人之常情
你忽略多久了
闻花香
你闲了
闻书香
你醉了
闻阳光也香
你懂得珍惜了
你有的感觉
他们越来越不懂了

闻雨香

春来了

闻风香

秋去了

闻他路过时的清新甜香

你们绝对相爱了

借景抒情

你真的想多了

闻枕香

你困了

闻落叶香

你倦了

闻炊烟香

你思念故园了

失落的是你自己的心

别指望有人陪着垂泪了

闻心香

你开始爱自己了

闻香水香

你学会寂寞了

无物也觉香

你逐渐成熟

冷暖自知了

做一个眉目含笑

一生衣襟带香的女人

你的世界就云淡风轻了

第十三章

为老师们立传

刘芳（前排右一）未失明时和同事们在一起

其实，眼前能看清的只有两个字，然后再挪到下两个字——那还是2006年，后来就只能看清一个字了，再后来只能看清半个字——那几万字，就是这样辛辛苦苦摁出来的。

刘芳从来没有离开过学校，先是做学生，然后做了老师。除学生之外，老师是她最熟悉的一个群体，接触最多，感触最深。完全可以说，正是在不同时间、以不同形式互动的老师们，塑造了今天的刘芳。很多老师让她终生难忘。

比如她小学的语文老师于英。那是位女老师，当时刚从师范学校分配下来，还是个年轻姑娘，东北人，个子高挑，眉清目秀。刘芳特别记得她的鼻子，很挺拔，上面有几颗雀斑。后来回想起来，那时的于老师其实没有什么教学经验，可是刘芳把她列为对自己的人生有着重要影响的几位老师之一，因为她与众不同的言行举止。

那还是 20 世纪 70 年代末，人们的思想都还很保守，尤其在穿着打扮上，千篇一律是灰色调的衣着、整齐呆板的“革命发型”。而于英却有一点超前的小资情调，在当时这是很需要些胆量的。对刘芳这些学生来说，就像看到春天最先发芽的小草一样新奇。于英总是把刘海弄得向里面弯弯的，这样更能衬托出眉目的清秀。班里的小女孩们也模仿她，用小黑卡子把自己的刘海别起来，只是怎么弄也弄不成老师那个形状。于英喜欢穿那种衬衣似的假领，干净而整洁，于是她班上的女孩也个个都干干净净、清清爽爽的。没有对比就看不出区别。隔壁一个班，班主任衣着很不讲究，经常脏得像卖炸油条的小贩，那个班学生们的衣服也一样斑斑点点。

于英对作业要求很高，字写得要方正，本子不准卷边，不准对折。而她打的对勾又红又长，还在下面写个“好”字，于是全班的作业都爽心悦目，大家都学会了写她那种连笔的“好”字。如果有题目做错了，于老师就会把学生叫到跟前，用红圆珠笔指着本子，一对美丽的大眼睛忽闪忽闪地看着他们。如果学生显出很不好意思的样子，她也会跟着脸红，两腮像打了胭脂，漂亮得不得了。

所以，被于老师单独批评，成了学生们的一项“福利”。不论男生还是女生，都很愿意接近她。刘芳也享受过这样的“福利”，站得离于老师很近，心跳都加速了，因为她觉得于老师美得像画里的仙女，连脸上的雀斑都很好看。刘芳也有雀斑，她为此激动不已，心里喊：“我和于老师一样有斑点！”

于英经常在班上念刘芳的作文，念完表扬说，很生动，富有想象力。这成了刘芳努力把作文写好的动力源泉。多年后再见到已经年迈的于老师，刘芳说：“感谢您对我的启蒙，让我知道了什么是美，什么是激励。”

从 2006 年起，刘芳决定认真写一写熟悉的老师们，包括学生时代曾经教诲过她的老师，以及她参加工作之后一起共事过的老师。她希望把自己最有感触的那些事告诉更多的人，让那些看似平凡其实非凡的农村教师为更多的人所知。两三年间，她写了十几位老师，总计有几万字。那时她的视力已经严重损坏了，不能用纸笔写，也还不会用盲人软件敲电脑，只能用手机写——就是把手机贴在鼻子前面，尽力盯着那狭小的显示屏上跳出来的文字，同时用手指摁那个局促的键盘。其实，眼前能看清的只有两个字，然后再挪到下两个字——那还是 2006 年，后来就只能看清一个字了，再后来只能看清半个字——那几万字，就是这样辛辛苦苦摁出来的。这些文章也都存在手机里。没想到的是，有一次，一个孩子玩她的手机，不小心摁错一个键，把这几万字全删掉了。

刘芳欲哭无泪，只好凭着记忆重写，尽管无法再现花了几年时间积累下来的丰富内容，但好歹还是挽回了一些。她笔下的老师们个个性格鲜明，活灵活现，而文字晓畅如行云流水一般，再想想她用手机写作的艰苦方式，让人无法不对她的表达能力和顽强毅力表示惊叹。

她写道，她的初中老师何桂云个子矮小，穿着高跟鞋也比班里的女同学矮一截，但这并不影响她在学生中的威信，一是因为她语文教得好，全校有名；二是因为她很严厉，有时候甚至让你觉得窒息。学生打扫教室时，她要求必须用潮湿的锯末子擦地板，擦到光可照人才算罢休。对重点课文篇目，要求在规定时间内倒背如流，不仅要求作为语文课代表的刘芳做到，还给刘芳一根小棍子，让她敲打其他同学，同样做到。

"我一辈子不会忘记，那次我没有及时把《青纱帐——甘蔗林》背下来，她罚我抄写二十遍，那叫一个长啊，我抄到了凌晨四点。"刘芳写道，"第二天早上才发现，同时受罚的还有几个同学，但只有我一个人抄完了。何老师知道了眼圈有点红，她说：'你怎么那么老实？我只是想吓唬吓唬你。'但当时我心里没有任何埋怨，直到今天，我都心存感激，感谢她为我打下的扎实的语文功底，教会了我做任何事都要一丝不苟，精益求精。"

对于高二时教过自己数学的邓连奇老师，刘芳是这样形容的："他中等身材，头发黑亮而浓密，每一根都精神饱满地站立着，眼睛很小，可目光犀利，能穿透那深不可测的各种难题。"

夏天里，邓老师喜欢穿一件白衬衣，里面却套着一件红色的背心，隐隐约约从白色里透出红色来，这成为许多女同学的谈资，她

和同事们在一起

们觉得这种穿法太老土了，一看就是乡巴佬的审美水平。可过了不久，这种浅薄的想法就被击碎了，邓老师是一个精力相当充沛的人，讲起题来思路清晰，并且风趣幽默。

从他那里，刘芳真正学会了什么叫“举一反三”，什么叫“万变不离其宗”。那时，她正为自己缺乏数学天赋而苦恼，觉得自己笨得滑入了“猪头”的行列。自从来了邓老师，不仅她的数学成绩提高了，班上其他同学的成绩也得到了提高，幅度可以用惊人来形容，平均分由六十分升到九十八分。

所有地域性的偏见都烟消云散了。刘芳写道：“我们跟着这个永远面带微笑、不知疲倦的老师在数学王国里狂奔，马蹄儿踏得尘土飞扬，让隔壁的理科快班大惊失色。那一年的高考我们班大获全胜，邓老师功不可没。”

而写到多年的老同事时，刘芳爱搞笑的天性就压不住了，在一本正经写他们的优秀品质的同时，总忍不住拿他们开开玩笑。

比如对钟方才老师，刘芳称赞他为人方正，为国家忠心耿耿，为事业勤勤恳恳，为人处事方中带圆，圆中带方。然后就调侃起了他的长相——

他人长得敦敦实实的，背也长得宽宽厚厚的，一看就是靠得住的男人。十多年前，他就满脸褶子，十多年后，还是那么多褶子，一笑起来跟朵老菊花似的。老菊花想要跟别人开玩笑，大家伙笑了，就喜欢倒过来作弄他，他就收了菊花般的笑，一脸正经地说：“这样要不得嘞，不能欺负老同志，我可是一个好同志。”

钟方才一口的方言，普通话说不好，还喜欢用土话唱各种流行歌曲。刘芳记录道，他能把最纯正的流行元素哼成最地道的土了吧叽的山歌小调，一般人是听不下去的，听下去的人脸都扭得出水来。四个字——“难听得很”。记得有一年，学校规定校委发言要用普通话，钟方才憋了半天嘴还没开张，满脸的黄菊花就扭成了一朵红菊花。他才说了一句“闹市们（老师们）”，台下已笑得前仰后合东倒西歪了……

在农村中学教书多年，刘芳深知，在偏远贫穷的地方当一个好老师是多么的不容易。有很多人离开了，选择去从事赚钱更多的工作。留下来的，有些人自甘堕落，在物欲横流的世界里随波逐流。但也有很多人甘于清贫和寂寞，几十年如一日地坚守为师者的本分。特别可贵的是一些校长，在那样艰苦的条件下仍然坚守教育理想，以一种教育家的执着去寻求创新和变革，试图把成千上万的山里孩子带入现代文明。刘芳觉得，自己有义务走出白云三中，去写一写白云区的校长们。

2010年，她用了大约半年的时间，陆续采访了十位口碑最好的校长，为每人写一篇通讯，打算结集成一本大约三万字的小册子。起初，接到采访请求时，每个校长都很诧异，不知道她真实目的是什么：她不是记者，不是学者，眼睛又看不见，前来采访是要干什么呢？是骗子吗？刘芳说：“就是想和你聊聊啊，听听你对教育工作的感受和见解。”有人不相信，拒绝了她，可是她有着超乎他们预料的执着，被拒绝了就继续请求，直到他们答应为止。那么好吧，带着将信将疑的态度，校长们接受了采访。而更加出乎他们预料的是，自己居然和这个陌生的失明女人一谈就是几个小时，有好几位谈到辛酸之处居然潸然泪下。

蒋光友，是刘芳在采访中印象最深的校长之一。他三十多岁去接管沙文中学时，看到的是一所乱如散沙的学校——学生经常逃课，不想学习的学生成堆儿在校园里闲逛惹事，想好好学习的学生被迫陆续转学走了；老师们大多无心教书，考勤制度形同虚设，不少老师上完课就离校回家了，连办公室都不回，连个招呼也不打；老师与家长矛盾重重，时常有家长闹到校园里来……人心惶惶，几乎所有人都对这个学校失去了信心。

而蒋光友接任校长仅两年后，前去采访的刘芳面对的是这样的景象——沙文中学全校 1138 名学生无人打闹喧哗，在课间都能做到低语轻步。学校不需要集中搞大扫除，因为学生们保持着很强的保洁意识和良好的卫生习惯，每天中午坚持十分钟保洁，整洁的校园没有卫生死角。没有任何一个班级的学生有违反课堂纪律的现象，教学井然有序。上学、放学时，校领导和老师们迎来送往，风雨无阻。放学后，住校的五十多个学生或在夕阳下打篮球，或看课外书，整个学校安静而温馨。

“冰冻三尺非一日之寒”。按刘芳的经验，一个学校的管理达到这么高的水平，一般需要至少十年的文化培养。如果想到沙文中学仅两年就做到了这一点，那简直称得上是翻天覆地的变化了。

蒋光友的切入点是亲力亲为。刘芳注意到，这位年轻校长有着超越实际年龄的稳重与冷静，他严于律己几乎达到了苛求的程度。两年来，每一节课他都要去巡视全校每一个班级的教学秩序，检查校园的每一个角落。这是一项十分繁重的工作，没有过人的精力和恒心是坚持不下来的。对自己严苛，让他敢于采取严格的手段去管理老师和学生。有一个同事，曾经是他的老师，一次因违反劳动纪律被严厉地处罚了。但处罚归处罚，事后他主动去老师家，登门赔礼。

在刘芳看来，蒋光友不是一个完美的校长，而是一位个性鲜明的校长，其特点就是铁腕治校。并不是所有人都喜欢这种风格。他规定的严格坐班制让涣散惯了的老师们很不舒服，抱怨和抵触随处可见。有的人开始观望，然后是失望，最后是愤怒，谩骂的帖子发到了网上，说蒋校长不近人情，不讲道理。而恰恰是这种指责，无意间把一个严谨、尽责的校长的名声传播了出去，让更多的人对他肃然起敬。

就这样，刘芳写了白云区第一幼儿园园长袁青，一个长相貌美如花，声音却沧桑嘶哑，能够狠心地把幼儿园女老师们当男人使用，还能让大家乐滋滋跟着她跑的“女汉子”；写了白云区第一中学校长徐建勋，一个看似古板，实则会演奏笛子、黑管、长号，会用“巨肺”高歌的多才多艺的人，他以才华横溢的魅力、更以高水平的示范教学征服了全校师生；写了白云区第一小学校长安仕文，一个有着屈原般忧国忧民的气质，常对教育进行哲学高度的思考，提出“享受课堂”教学理念的改革新锐……

后来这些文章并没有结集出版。当时，刘芳的知名度还只是局限于当地，远没有像后来那样蜚声全国。总体上说，那次采访就是一个默默无闻的盲人女教师对一群默默无闻的校长所做的一次默默无闻的采访，没有引起什么反响。而几年后，当人们梳理已被称为“中国大山里的海伦·凯勒”的刘芳的成长轨迹时，却对她这一举动心生敬意。她怀着一种非同寻常的责任感，完成了一件几乎超出自身能力的工作。此前，那些校长从来都没有被人采访过，而刘芳让他们重新梳理了自己的职业生涯，重新认识了自己的工作价值。所以，应该说，那是一个有情怀的人对一群有情怀的校长所做的一次有情怀的采访。

第十四章 感受世界

失明后，刘芳的感觉变得更加敏锐　　新华社记者姚竣译摄

世界之光穿透黑暗的帷幕，映射在她心里，绽放出一种独特的美。她如此珍爱那每一根线条、每一滴润滑、每一缕气息，在那不可目击却永不消逝的天地里，她的心灵才能自由地徜徉。

2012年8月暑假，贵阳市残联盲协主席王洪波打来电话，邀请刘芳参加旅游团，去两百多公里外的西江苗寨转一圈。她兴奋得几乎从床上跳了起来，迫不及待地问："什么时候出发？"

西江苗寨是一个完整保存苗族原始生态文化的地方，由十余个依山而建的自然村寨相连成片，是目前中国乃至全世界最大的苗族聚居村寨。这次旅行，是贵州省残联举办的文化月系列活动中的一项，同行的还有十六位盲人，其中包括戴墨镜、拄盲杖的王洪波。

"有人一定会想，一群看不见的人去看什么呢？"刘芳在后来的游记中写道，"我用我写的一首小诗来回答你的好奇——'在路上／我才听得见风景／鸟语花香／飞瀑流泉／白云蓝天／繁星点点／你说就如同我从前所见／花儿对我含笑／流水对我含情／你们在说／我在听着……'我们自有感悟，只是你们正常的人不知道罢了。"

失明的刘芳，始终没有丧失对世界的敏感与好奇。从某种意义上说，她的感受比失明前更加敏锐。

海伦·凯勒曾在《假如给我三天光明》中记述，一位明眼朋友来探望她，在树林中穿行了一个小时，当被问到都看见了什么时，却说"没看到什么特别的"。她"简直不相信我的耳朵"，因为她这个不能用眼睛看的人，仅仅凭触觉，就能发现好几百种有趣的东西——一株桦树光滑的外皮，一株松树粗糙不平的树皮，春天树枝上的蓓蕾，一朵花的可爱而柔润的肌理，小鸟的跳跃给一株小树带来的震动，从张开的手指缝隙间急促淌过的小溪凉爽的流水，松针或者海绵似的柔草铺就的茂盛葱郁的地毯……“对我来说，四季的盛景是一场极其动人而且演不完的戏剧，它的情节从我指尖一幕幕滑过。”她感慨道，对于世界上充盈的五颜六色、千姿百态万花筒般的景象，明眼人认为是理所当然的。也许人类就是这样，极少去珍惜我们所拥有的东西，而渴望那些我们所没有的东西。在光明的世界中，视觉这一天赋才能，竟只被作为一种便利，而不是一种丰富生活的手段，这是多么可惜啊！

这段著名的文字，刘芳几乎可以倒背如流。这样的体验，她感同身受。她说：“你们可能会厌恶灰尘，觉得好脏、好烦。抖被子、拍枕头时，总会抱怨‘好大的灰呀！’可是我觉得每一粒灰尘都是有生命的，都是跳跃的生命，就因为我失去了看见的能力，它们跳跃在我的记忆之中。想象一下它们在朝阳的一束光线里舞动、旋转的姿态，是多么优雅，多么轻盈！就仿佛是千万颗金色的星星，像宇宙间一个小小的星系。当初我也和明眼人一样厌恶灰尘，而今天它们却是我所向往的。要是让我能够再看到，哪怕只看到灰尘，也是多么美妙的一件事！因为要是能看到灰尘，就是又得到了明媚灿烂的阳光。”

因此，失明后的刘芳仍然热爱旅游，以她自己的方式感受着世界。

置身于西江苗寨的旅游街，黔东南美食那种用西红柿、糯米酒和着竹笋糟辣椒一起发酵而得的特有的酸辣气味，塞进嘴里的一团蘸了黄豆粉的糍粑的软软的甜美，远处隐约传来的好听的苗歌，近处小贩用新蒸的糯米饭“咚咚咚”打糍粑的声音，擦肩而过的熙熙

通过触觉、嗅觉和想象，刘芳构建着属于自己的世界　　新华社记者姚竣译摄

攘攘的游人，一切都让她沉醉不已。

满街的银饰在风中“铃铃”作响，陪同的毛艳红拿了几样放在她手里，沉甸甸的。她感到，有一种力量在手心里传递着一个民族的文化符号。她轻轻地抚摸着那些簪子、耳环、项链，想象着一块银子在苗族匠人的手里被拉长、旋转、镂空、串连，想象着那种勤劳的生活、那些幸福的梦想、那千年传承的精神延续。

毛艳红拉着她的手，去触摸那些风雨桥的栏杆，那些古旧的门、墙和回廊。又带她登上山坡高处的观景台，从那里可以看到千百种黑色瓦顶的传统苗家木楼鳞次栉比，铺满山野，十分壮观。毛艳红说：“想象一下，依山而建，靠水而居，层层叠叠，清一色的木制阁楼，多么神奇！多么不可思议！”随后又拉过刘芳的手，在空中比划着，这里，那边，一大片，又一大片，全是房屋，有这样的，还有那样的……

刘芳调侃道：“小孩子不会走错了家门吧？”

毛艳红笑她：“只有你才会，一看就是个外地人！”

通过触觉、嗅觉和想象，刘芳在内心构建着属于自己的世界。

2006年，她跟着同事兼好友黄绍薇去了世界著名的景区云南丽江，印象最深的是大研古镇。她触摸着已有两三百年历史的民居，抓住门上的铜环，推开“吱呀”作响的厚重的木门，觉得自己似乎翻开了一本残破古书的扉页，小心而崇敬。

刘芳想象，古镇就像一个多面而神秘的女子——

白天朴素，像一个满面尘垢的村妇，穿越古老的水车，推开破损的大木门，扶着斑驳的古墙，仰望层层叠叠的古老房屋。她站在四方厅，茫然地看着那已踪迹湮灭的茶马古道，用手拢一拢被风吹得凌乱的头发，抬眼看到那远在天边又近在咫尺的玉龙雪山。

到了晚上，又摇身一变，变成一个妖艳的女子。或明亮或朦胧的灯光就是她迷人的眸子，眨呀眨地对着你笑，迷人中又透出那么点野性。她穿过接踵而至的人群，眼波在奇装异服中流动，纤细的手指把所有用雪花银打造的首饰拿起又放下，放下又拿起，目光灼灼，似乎要把这些雪花银化掉，化成河水，银晃晃和月光相映衬。

她停留在舞动的人群里，和人群一起欢快地歌舞……

丽江是纳西族传承千年的东巴文化的集中地。刘芳信奉一句话：小民族，大文化——正是由于许多小民族深厚的文化底蕴才托起了中华民族的大文明。

她的丽江游记里，还记录了一个纳西男人的一番颇有哲理的见解。那个男人独自在家请朋友吃饭，因为妻子刚跟他生了点气回娘家去了。他说："男人对女人要像放风筝，放一放，收一收，风筝放得再高再远，线还在男人的手里拽着。女人在乎的是男人对她的这份牵挂，因此女人是跑不掉的。而女人对男人要像放鸽子，如果她的男人是优良品种的鸽子，无论飞得多远，它总会飞回来，好男人总是会回家的。"

游丽江，她的灵魂因历史之美得到了滋养。2008 年 5 月 1 日，她跟着另一位同事兼好友王秋凡去贵州雷公山时，却是因自然之美而放飞了心灵。

攀上海拔 2178.8 米的主峰时，她是这样判断自己确实已经登顶了的：摸上去，周围的植物都长得比较矮小，叶子坚硬并有蒙着一层蜡质，这是山顶常见的生态；而一些孩子在欢呼，说到了神仙居住的地方；还有扑面而来的潮湿的空气、凉爽的山风……人们说，山顶笼罩着云雾，她就对着那迷蒙的空间大喊了三次自己的名字，传说这样会带来好运。雷公山没有回音，沉静如初。啊，这才像大山的性格，刘芳想，她理想中一个可靠的男人就应该是这样，什么都听见了，什么都懂得了，什么都记住了，就是什么都不说出来。

有一棵千年古树，她去触摸，只觉手触之处表面光滑冰冷，木质坚硬，不像是一棵树，而更像是铁铸的，尤其是关节处，像一个个的铁疙瘩，似乎凝聚着大山蓄积起来的力量，包含着古泉提炼出来的精华。她反复地抚摸树皮，就像抚摸一个沧桑老人的脸，抚摸时光的痕迹，抚摸岁月的烙印。她悬想千百年来这棵树经历过的一切，相信它只喜欢两种人，一种是进山的樵夫，打了千百年的柴，却独独留下了它；第二种人是会唱情歌的苗族男女，把那人世间的情爱唱得坦然、热烈，让它久居深山也不会寂寞。“也许每一个树杈，每一片树叶都记载了一个美丽的爱情传说。”

在一眼汩汩涌出的泉水边，她能感受到浸人的凉气，掬一捧入口，清凉甘洌，从味道中就能尝出那一览无余的清澈。沿一条瀑布下山，她陶醉在身旁“叮叮咚咚”的水声里，仿佛听到苗族姑娘身上银饰摇响，仿佛看到一簇簇碎银在阳光下闪耀。穿行在一丛丛的野花间，她感觉那不同的花香，就像唱山歌般一曲未罢一曲又起，而这花香的情歌直钻进心里，让她也忍不住想唱歌，一时又想不出歌词，只有随意哼着自编的曲调……

还有一次旅游，则与一个让她久久不能忘怀的梦境有关。

湖北是她的老家。2015 年深秋来到位于湖北宜昌的三峡景区时，她把对三峡的记忆片段和现实中触碰到的感觉在心里做了衔接，摸着一石一木一花一草，各种情感涌上心头。她站在蜿蜒山道，站在峡谷岸边，站在船头舷沿，站在三峡的风雨里，努力把读过的关于三峡的文字和传说拼成一幅立体而生动的画面。一个人物形象浮现在她的脑海里，跟历史长河有关，跟三峡有关，跟忧国忧民有关……屈原，对，就是他！

几年前，刘芳曾做过一个梦，梦见自己独自去了一处山谷，穿林过境，幽幽暗暗，却并不觉得害怕。见四周空无一人，她就换了一套行装，长袍广袖，粗布衣，宽腰带，佩宝剑，戴峨冠，插木簪，全身只有黑白两色，恍惚间变成一个古代男子。她开始在清风中舞蹈，或仰天长啸，或奋袖出臂，或长跪不起，或以广袖掩面，或拔剑出鞘直指苍天。这时，乌云翻滚，雷电交加，斜劈出去的宝剑像

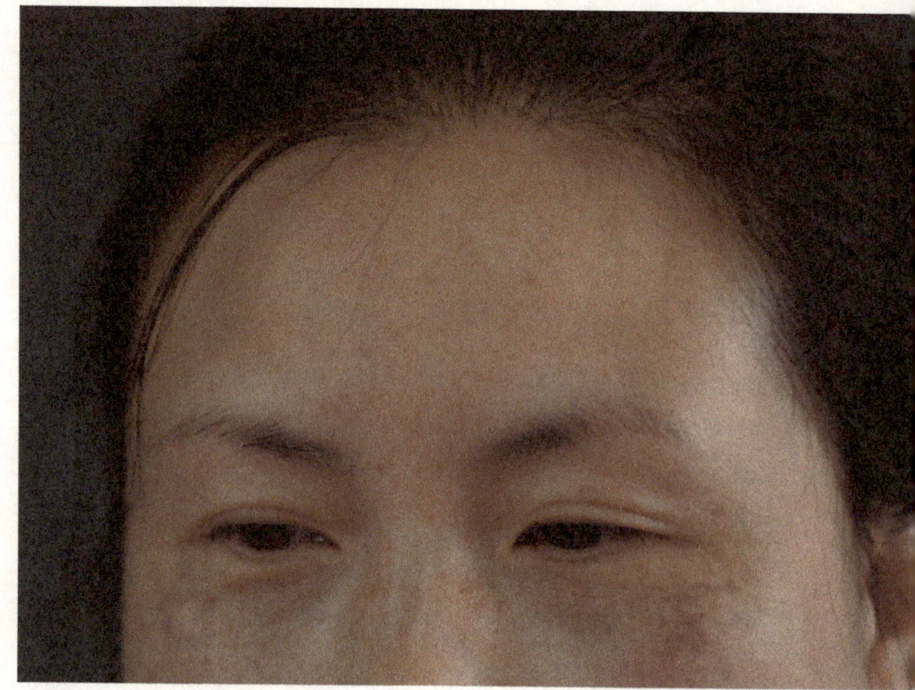

用心感受世界　　新华社记者王全超摄

一道银白的闪电，要把这乱世劈得粉碎。一阵狂风过后，她的灵魂从身体里挤压出来，她远远地回望，看着自己的躯壳，身形高挑而清瘦，面容憔悴而忧郁，声音高亢而悠长。她听见自己在唱：“路漫漫其修远兮，吾将上下而求索……”

当时她心里一惊——我居然化身为屈原！醒来后，她久久不能再次入眠。过了几天，她听电视上专家解说屈原，其中有一段描述：屈原不得志时，会峨冠长袍，在大庭广众之下载歌载舞，述忠君，述忧国，述悲民……

此时，站在屈原故里，刘芳思古幽情油然而生。她又想起了梦中所见，惊喜而迷茫——是我的崇敬之情穿越到了两千年前，还是屈原的精神穿越到了两千年后？

她摸到了很多三峡石，它们形状奇特，温润光滑。人们告诉她，三峡石色彩斑斓，闪耀着宝石才有的光泽，淡蓝色的表面含有墨绿色的群山，黑色的表面有白色的流水，那几乎透明的还有缥缈的炊烟……她听得入了神——这哪里还是石头？那是三峡不朽的灵魂，浓缩的山水画卷，历史的传神记载，故园的绵绵牵挂。说不定，其中的一颗石头就被屈原捡拾过，端详过，赞叹过！

就这样，刘芳兴奋地记录着自己的所触所感，所思所想。世界之光穿透黑暗的帷幕，映射在她心里，绽放出一种独特的美。她如此珍爱那每一根线条、每一滴润滑、每一缕气息，在那不可目击却永不消逝的天地里，她的心灵才能自由地徜徉。

有的地方，她没有亲身去过，就完全凭想象为自己虚构一个，比如贵阳郊区的青岩古镇。这个名字叫让她想了很多——青岩，会不会像唐人诗中所写，“绿树村边合，青山郭外斜”？青色嘛，应该是春天的标准色，还有那古老的石板路，小雨滋润之后也应该是极有韵味的青色。

她写了一篇《美哉，青岩》，想象青岩应该是这个样子：一条不宽的老街，街道两边的建筑物一定不会很高，都有着斑驳的墙，破损的门窗，残缺的屋檐。屋脊和翘角总有它的特点，比如说有几片瓦摆成一个镂空的造型，或是翘角有一个难度很大的翘翅。门窗上总应该有一些模糊的花纹，仔细辨别才可依稀辨出，不应该是常见的喜鹊闹梅，或五谷丰登什么的，总应该是一些很神秘的符号，让你很快就和少数民族的一些神秘的文化联系在一起。墙皮应该是又黑又脏，再加上门口的排水沟，门口窄窄的排水沟及石板缝里星星点点的杂草，让你感觉青岩是陈旧的、古老的，属于抹不去的一段记忆。

她想象，从门里走出来的男女老少都应穿着粗布的衣服，颜色单调，质地厚重，他们的脸色纯朴，话语简洁，女人们应该比男人们勤快，男人们比女人们悠闲。清晨，男人们坐在门槛上抽着老旱烟，女人们坐在石墩子上用石臼在舂辣椒，有的女人在盆里搅着麦芽糖，还有的女人两手拎了许多只刷洗干净的猪蹄子往家赶。熟识的人们见了面热情而简短地打着招呼，笑起来的样子很真诚，牙也很白。到了中午，整条老街飘荡着属于它的独特香味：玫瑰糖的甜味，鸡辣椒的辣味，卤猪蹄的卤味，小豆腐的碱味，伴着这混合的香味，老街就热闹起来了。

热闹的青岩老街应该是什么样子的呢？她继续想象下去——每户人家都应该是一个小卖场，就在自家门口摆两条长凳，上面放两个簸箕，旁边一个小土炉子，土炉子上一口冒着热气的大锅。刚才说的那些好吃的，就这样一字排开，每家的物品都一样，可味道略有差别，就要看游客的口味了。来的游人特别多，老街又窄又短，都快要容不下他们了。叫卖声、询问声、招呼声、还价声此起彼伏，嘈杂成一片。有的人冲老街而来，有的人冲吃食而来，有的人冲热闹而来，也有的人想拨开这嘈杂，从缝隙里找点什么，找点他们骨子里蠢动的欲望。说好听点，在这里寻找一点埋在深处的根基，寻找被封存起来的文化内涵，或者看一看浮华背后逝去的本真；说不好听点，就是看一看这条老街能挤出来多少利润，能榨出多少油水……

她又想到青岩的文化底蕴。听说青岩镇三教合一，有教堂，有寺庙，还有道观。这本是三种不同的思想，但在内涵上有共通之处，那就是教人向善，因此就相安无事，即使思想有不同的地方，也就互相包容了。教堂的钟声、寺庙的磬音和道观里的浅吟低唱，也和青岩的石板路、翘角楼、低矮的门楣一起融入了青岩人的生活。

由文化，她想到历史——很久以前的青岩不应该这么热闹，应该是一个无论什么样的人来了都应该感到很安详的地方。因为三教和处，本身就体现了人杰地灵。到底是人杰地灵容纳了他们，还是他们成就了此处的人杰地灵呢？那已经是古老的历史，但愿商业化的今天没有破坏那三处净地，总得让人有一个心灵回归的地方。

她的心在想象中的古镇上继续蔓延——在离老街不远的一个高处，应该有一棵孤零零的银杏树，它很年长，但枝繁叶茂。它是用来见证老街的这段历史的。历史上青岩是有人中过状元的，听人说过，但名字没有人记住。这个状元从青岩走出去，当年的他也应该是孤零零的，寂寞苦读，寂寞赶考，寂寞等待……谁说一个人的力量不能改变历史？那个状元，他就改变了整条老街的命运，他成了古老青岩的精神支柱，从而也丰富了青岩的物质基础。人们慕名而来，听一听这文曲星的传说。银杏树不能改变历史，但银杏树与这漫长的岁月同在。

刘芳这样总结她想象中的青岩：一定很美，一条老街衬在青山绿水之间；一定很务实，实实在在地保留了一种文化；一定很浪漫，世间的鲜花有千万种，它单挑了玫瑰作为浪漫的载体；一定很厚重，几百年的沉淀不会让它轻易变得轻薄、肤浅。

美哉，青岩！

可是，真实的青岩究竟是什么样子呢？她把这篇散文拿给去过的人看，人家看完很诧异，疑心地盯着她问：“你是说，你真的没去过青岩吗？”

第十五章

石榴青青

用盲人电脑软件进行写作　　新华社记者王全超摄

十几年人生风雨如海啸般涌上心头。一张张远去或变老的面孔，一群群来了又走的学生，校园里每个角落，大山里的偏远村庄，那些欢笑，那些泪水……一桩桩、一件件，像是得到召唤一样浮现脑海。

2009年9月6日，刘芳去牛场做完报告回到家时，七十三岁的父亲刘四喜正和几个街坊老人打麻将。过了一会儿，父亲说有点不舒服，想回屋躺躺。再过一会儿刘芳去找他，发现他正缩在床上，浑身发抖。刘芳抱住父亲，像抱住一片风中的落叶。送到医院检查——恶性肿瘤。

她父亲年轻时是一名钳工，很早就参加“三线建设”从湖北去了贵州。直到三岁，刘芳才随母亲第一次出远门，从湖北老家来到贵阳父亲身边。她还记得，那时候父亲每天把她带进厂房里，抱她坐在高大的工具箱上，等他下班。直到现在，刘芳偶尔会去职业技术学校参观学习，一走进厂房，闻到机器的金属味，掺杂着机油和铁锈的味道，她就仿佛瞬间回到童年，脑海里浮现出父亲蹲着认真看图纸的样子。

父亲的话不多，刘芳记忆中与父亲言语上的交流很少，他都用行动代替了。他喜欢干活，刘芳的一张小床，家里的写字台、很多板凳，门口搭建的窝棚和窝棚里的灶台，都是出自他的双手。他甚至还打造出了一个大大的沙发，这在当年是个头条新闻，很多同事和邻居来跟他学习做沙发。父亲就这样成了刘芳心里的大英雄。

周末父亲会去钓鱼，也会带刘芳一起去。他准备了一个拴着尼龙绳的罐头瓶子，让女儿在水边捞小鱼小虾，自己则坐在旁边摆弄钓鱼工具，弄好了一竿子潇洒甩出去，静静地等鱼儿上钩。每一次，他们都能钓到好多鱼，这样就可以在贫困的生活中改善一下餐桌内容了。

有一次，父亲带她们母女俩去朋友家吃饭，夜里回程时已是微醉。父亲把她背在背上，伴着母亲的唠叨，深一脚浅一脚地走着。刘芳在他背上摇摇晃晃，很快睡着了。在她的童年记忆里，这是最安稳最舒适最温暖的睡眠方式了。

读小学时，刘芳的小抽屉里经常像变魔术一般出现一分、两分钱的硬币，这让她欣喜莫名，也忐忑不安。她悄悄用了一次，没有人问过，又大着胆子用了两次，还是没有出什么乱子。于是，夏天里她吃过好几次冰棒，冬天里也吃过好几次丁丁糖。等她长大了才知道，那是父亲悄悄放进去的。由于生活拮据，母亲在生活用度上总是卡得很紧，不知道父亲是如何挤出了那些零花钱，给了刘芳一种“富足”的甜蜜。

父亲不善言辞，却很有内秀，是厂里的工作能手，经常得到“先进工作者”的奖状、奖金，还写得一手好字，写过诗。正是父亲最早带着刘芳领略了阅读的乐趣。她读小学时，父亲就拿出相当一部分工资，给她订阅了很多杂志，其中包括《大众电影》和《世界知识画报》。在周边的家庭里，这是很少见的。当她讲起从杂志上看来的迈克尔·杰克逊，比划起“太空舞”时，所有的小伙伴都惊呆了，根本不知道她谈的是什么，只是莫名向往。就靠这些杂志，她养了好几名“雇工”——当时她每天都承担着为母亲开的小饭店磨豆浆的任务，哪个小伙伴来借阅杂志，没的说，代价就是帮她磨豆浆，借一回磨一次，太好用了！较早的文字启蒙，是她后来热爱文学的诱因之一。

刘芳的父亲刘四喜

1987年，十六岁的刘芳第一次在地方杂志《白云文艺》上发表了一首小诗，得到六元钱稿费，她用来买了两包香烟送父亲。香烟递到他手里时，他正坐着喝茶，愣了一下，问这是什么意思呀。刘芳说自己写诗赚的，他没有说什么，只是端端正正把那两包烟放进上衣口袋里，端起茶壶喝了一大口，腮帮子鼓鼓的，眼里满是笑意。刘芳悄悄观察，那烟他足足抽了一个月才抽完，他平日里抽的烟才几毛钱一包呢，为此她激动了好久。

父亲是个温和的人，极少发脾气，但酒量很大，也教会了她喝酒。她十八岁高中毕业时，父亲第一次主动让她尝一尝啤酒的味道，她从此发现自己的酒量也不差。参加工作第一年，一个偶然的机会，她跟一群警察朋友吃饭，第一次喝了白酒，并且是高度白酒。当别人已经醉得东倒西歪时，她连晕都没晕。举桌叹服。可是回家后却很罕见地被父亲骂了一顿："喝酒要看对象，分场合！"

刘芳读大一时，有一天父亲突然带她上街，走到商店的柜台前，让售货员拿出一双黑色的高跟皮鞋来，红光满面地说："你试试这个吧，我看你的同学就穿这样的。"刘芳简直不敢相信自己的耳朵，她扶着父亲的胳膊，双脚歪歪斜斜地踏进人生第一双高跟鞋里。她像是忽地长高了一截似的，头就顶到父亲的下巴了。父亲扶着她走了几步，问道："大小还合适吧？"刘芳害羞得面红耳赤，赶紧点点头。父亲就去付款了。这双高跟鞋无数次磨破了刘芳的脚后跟，她忍着，挺拔地走在校园里，心里是满满的骄傲。

这位父亲有着传统中国男人的矜持，很少袒露自己的感情，即使刘芳很小的时候，也很少抱她。2003 年，刘芳视力已经很模糊，有一次过马路时忽然找不到方向了，不知该前进还是后退。犹豫之间，一辆汽车险些撞到她。自从出了这件事，父亲才开始牵着她的手出门。

她永远忘不了十八岁时的一个情景。那年冬天，她从贵州回湖北老家过年。在汉口，需要坐渡轮过长江。父亲在岸边买了两张船票，就是一种蓝色的塑料小圆片，把其中一张递到她手上。她拎着行李，踩着跳板先上了船，站在舷边看着父亲去拿自己的行李。有一箱给大伯的酒，父亲要吃力地扛上肩，动作慢了些，船就开动了。刘芳急得大叫："爸，船开了！"父亲戴着一顶黑色呢子帽，围着一条浅咖、深棕两色相间的围巾，淡定地朝她挥手："没事儿，在那边等我！"父亲的身影变远、变小了，一直站在那儿。江面上风很大，刘芳穿着厚厚的棉衣，仍然冻得脸颊通红。那一瞬，她的泪水夺眶而出，突然有一种生离死别的感觉。她很惶恐，生怕跟爸爸失散了，从此再也见不到……船到对岸，她就站在跳板旁边等着父亲搭乘的下一班渡轮，一步都不敢走远，直到再次看见父亲的脸，才破涕为笑。

而这一次，她再也等不到父亲的那班渡轮了。

去世前一个星期，父亲已经有些神志不清了，大部分人都不认识。毛艳红来到病房，问："叔叔，你认识我不？"

"小毛啊……"他说，"我认识你，还认识你爸爸，快让他来，用螺丝刀把我后背拧开，换了零件，我就好了。快点快点，快让他来……"

就在弥留之际，父亲唯一一次不加掩饰地表露了对女儿的感情。那天，在病榻旁，刘芳握着他的手，说："爸，我爱你。"

父亲说："爸爸也爱你。"

2011年7月8日，父亲与世长辞，刘芳人生最坚实的一根支柱崩塌了。

父亲去世十天后，刘芳去重庆参加一个教学管理培训班，同行的都是一些年龄相仿的同事。父亲病重两年间，她格外深切地体会到友情的珍贵。因为看不见，她没法为父亲做太多的事，那些同事兼好友就来帮她和母亲照顾父亲，包括毛艳红、黄绍薇、章玉嘉、姚红梅等，像排班轮值一样。毛艳红甚至替她给父亲洗脸、擦洗身体。而赵子明、韩勇等几位男同事更多地承担了开车、抬老人上下楼等重活儿。父亲去世后，又是这些人陪她度过了最艰难的日子——那些陪她落泪的女同事，那些拍拍她肩膀的男同事，如果没有他们，刘芳都不知道该怎么撑下去。

而这样的友情已积累了很多年，他们有着共同的青春岁月，共同品尝了人生百味，而今又共同步入了中年时代。为期十二天的培训间隙，大家在一起闲谈，不免忆起许多往事。大家都知道刘芳文

刘芳出版的首部长篇小说《石榴青青》，记录了她和朋友们的成长故事

笔好，就有人随口建议：“你也写写我们的青春呗。”

那一晚，她失眠了。十几年人生风雨如海啸般涌上心头。一张张远去或变老的面孔，一群群来了又走的学生，校园里每个角落，大山里的偏远村庄，那些欢笑，那些泪水……一桩桩、一件件，像是得到召唤一样浮现脑海。一念起，千山万水。一念灭，沧海桑田。她心潮澎湃，血脉偾张。

结束培训回到家，她第一件事就是打开电脑，一口气敲了两千多字。此后，在教课、做家务、督促孩子写作业的间隙，她每天坚持写作，顺畅时一天能写五千字。

万籁俱寂的夜晚，她盘腿坐在小桌前，手指轻触贴着特殊标记的键盘，听着盲人软件读字的机械之声，一路敲下去。黑暗里似乎打开了一个舞台，故事轮番上演，如河水般奔流不息。生活中许多曾经被忽视的细节，此时竟然一一跳出来，像透过显微镜观察一般历历在目。她要做的，就是把它们记录下来。

那些搞怪、尴尬的场景，让她忍俊不禁，她会随着书中的人物哈哈大笑。那些求知若渴又困苦无助的孩子、那些美景与贫穷交织的山村、那些因生活重压无奈离去的同事，让她笔重千钧，不时潸然泪下。

历时八个月，她写成了十七万字的长篇小说《石榴青青》，写的是一群“70后”年轻教师坚守西部农村的酸甜苦辣、悲欢离合，与青春励志有关，与爱情有关。与其说是小说，不如说是一部长篇散文，因为书中百分之八十以上的内容都确有其事。

小说的主人公之一，是一个名叫刘思楠的年轻女教师，就以刘芳本人为原型。20世纪90年代初期，她与一群毕业于同一所师范院校的同学被分配到了一个叫井台中学的偏远山村学校，从此开始抒写新的人生篇章。他们用两年时间完成了由学生到教师的角色转变，小说就围绕这一过程中他们的理想、工作、友情展开。

既然是一群年轻人，就一定有爱情发生。另一个主人公、年轻教师文芷青是一个单纯美丽、心地善良的女子，在两年间经历了一段曲折的爱情纠葛。她本来有稳定的初恋男友，但是分配到井台中学之后认识了年轻而稳重的男老师赵耕。面对赵耕的执着追求，她的爱情有了变奏曲。面对留在农村还是回归城市的两难抉择，她在事业、爱情和友谊中间煎熬着，挣扎着，沉浮着，最后做出了艰难的妥协。小说同时还描绘了袁英和丁铁生、黄小诺和姚航、刘思楠和小凯以及张家悦和武谦的爱情故事，分析了不同人物的爱情观和价值观。除了主人公芷青的爱情有些悲情色彩之外，大多数故事情节是阳光灿烂、妙趣横生的，同样带有那个年代特有的单纯和浪漫。

井台中学正处在新旧领导交替时期，老校长得过且过，无心改变；新校长意气风发，锐意改革。教育理念也在矛盾冲突中或明或暗，大家在新校长的带领下从一片茫然中慢慢走了出来。一群刚毕业的城市青年怀揣各自的梦想，或早或迟，或主动或被动，或欣喜或无奈地来到了这里。他们的到来改变了这里的气氛，他们对工作的热情和对学生无私的爱也改变了学校的状态，让刚开始的死水微澜逐渐风生水起。但是很难回避的是，农村教育举步维艰，生源差，教师队伍不稳定，经济大潮对农村以及农村教育的冲击，个别领导的唯利是图，种种问题都折射了中国贫困地区教育发展的普遍困境。

之所以取名《石榴青青》，意思是那群年轻人曾经走过了一段如青石榴般朝气蓬勃的岁月。尽管因不成熟而滋味略带酸涩，却是人生中最美好的记忆。

令人赞叹的是，这本书色彩明丽、幽默风趣，很多细微观察比其他作家更敏锐。假如是不了解作者背景的人去读，自始至终都很难意识到这是一部盲人的作品，因为它没有通常盲人文字中对颜色观察的缺失，也没有流露出一丝一毫残疾人似乎与生俱来的悲情。

比如有一章写道，一个新来的女老师搬进宿舍楼五层，站在楼上往下看风景，忽有一个重大发现：花坛里靠宿舍楼某个窗口的一棵松树长得要比其他三棵茁壮些。她无意中发现了老师们心照不宣的一个秘密——这座楼已经非常老旧，楼层高，没有电梯，楼里还没有厕所，老师们要大小便只能去楼下的公厕。而那个公厕更加可怕，是一个没有自来水冲洗的旱厕，不仅臭气熏天、蚊蝇乱飞，还与宿舍楼隔着空旷的操场。有人夜间起来，实在懒得去跋涉那漫长的距离，就把解在盆里的小便偷偷泼到窗外，于是，那棵松树就获得了充足的养料。

可是，不久就出了一件更荒唐的事，让老校长下不了台：

学校附近的一家农户找到校长控诉学校老师们的恶行，有老师把大便扔在了他家的院子正中央，他说："还是老师呢，有文化的人，竟然干出这么龌龊的事情！咋个当老师哦！咋个教好娃娃哦！"校长满脸的愤怒："老人家，凡是要讲个证据啊，证据，红口白牙你乱喷粪要不得啊！"因为没有见到东西空口无凭，老校长梗着脖子想发脾气骂人，起码在气势上要占个上风嘛。没有想到老农有备而来，从身后拽出个塑料口袋，砸在了地上，他颤动着胡子说："还怕你不承认！我不识字，我家娃儿就是你们学校毕业的，他认得字，他说上面印的是井台中学专用信纸，你看，你看嘛！"说着还准备动手翻开那个口袋，校长气得直摇头，看什么看啊，他想，他此刻恨不能连老农带屎一大脚踹出校门！嘴里却只能义正辞严地答应要严惩这个不法分子，他怒吼道："你放心，老人家，我向你保证再也不会发生同样的事情了！再有，我让他吃回去！你先回家，也不要生气了，就当他是个畜生！"老农怀着对老校长最后的那一点尊重气愤愤地离开了。

当天下午就召开了教师紧急大会，主题是"关于一坨屎"。刘芳活灵活现地描写道：

校长这回是站着的，两只手五指叉开支在桌面上，只说了一句话："我丢不起这个人！"然后很长时间没有再发言，浑浊的目光从这个人的脸上扫到那个人的脸上，然后又扫回来，恨不得马上揪出这个害群之马，然后把屎砸在他的脸上。老师的心理素质在那一刻充分地展现了出来，每个人的眼皮子都耷拉着，几乎是个个都面无表情！

随后，刘芳又描写了会后教室里闹哄哄的情景，老师们既惊讶，又窃喜，都忍不住要笑，互相调侃打趣。没有人嫌弃这件事的恶心程度，茶余饭后谈论了很久，多年以后偶尔有人想起来，还是要笑半天的，后面不免都要加上一句：“到底是谁干的呢？”

这一章的结尾，写了文芷青一段心理活动。尽管这里条件这么差，她也没想过离开，因为“她对这里的一切有了感情，和学生，和老师，和校园，还有那些她走熟悉了的山间小路。当然，如果通自来水就更完美了”。

刘芳笔下的人物没有一个是空洞做作的，他们都有血有肉，真实可信。虽然并不高大，却因真实自然而可亲可爱。用一支激情澎湃的笔，刘芳尽情书写着妙趣横生的生活。

2012 年 4 月一天晚上，敲完最后一个字，刘芳仰面瘫倒在沙发上。心绪从主人公感伤的世界里缓缓退潮，归于平静，像一片漂在平缓的河面上随波逐流的叶子。她仿佛重过了一遍人生，如今只剩灰色“水波纹”还在眼前晃动。而顶灯在眼皮上照出的光晕，像新的希望在远远地召唤。

在小说的前言中，她写下一句话：“一条河，在地面奔腾时是一条河，在地下流淌时还是一条河，最后它们都奔向了大海，在那里它们的灵魂是平等的。”

第十六章
花开十年

新华社记者姚竣译摄

如果能给我一天的光明，那就太奢侈了！一天24个小时，1440分钟，86400秒，这么算，时间好像被拉长了。我一定喜极而泣，任由眼泪模糊了这个久别的世界和那些久别的人。

得知刘芳在写小说，周围很多人在惊讶之余并不看好。一些嘲讽也飘进了她的耳朵:“一个瞎子，写小说有谁看吗？”

其实刘芳对自己的写作水平并不是很有信心，写到艰难之处也打过退堂鼓。但转念一想，“有没有人看又能怎么样呢？我首先要对得起自己，对得起期待着我的朋友们。”于是，继续写下去。

而当《石榴青青》写完两年后——也就是2014年——被顺利出版时，她非常惊喜。当已经印刷完毕的二百五十页的纸质书送到手上时，她摸了又摸，还不习惯有人叫她“女作家”。由近及远，这本书有了越来越多的读者，很多人阅读时从头笑到尾，也有人边读边哭。当然，最有感触的读者是她的亲友、同事和学生们，很多人在书中找到了自己的影子。

盲人，女作家，这两个概念联系在一起，有人开始称刘芳为“中国的海伦·凯勒”。2015年下半年，我和几位同事去采访她以后，在这个称号中加上了“大山里”三个字，我觉得“中国大山里的海伦·凯勒”可以更加准确地概括她的生存环境和人生特色。

《石榴青青》并没有给她带来多少收入，她也没有指望靠这本书赚钱，觉得能够出版就已经是巨大胜利了。在校园内外，她举办了几次这本书的义卖，把销售款都用于资助贫困学生。有一次，学校

2016 年 9 月，刘芳（中）被中共中央宣传部授予“时代楷模”荣誉称号。图中左为阿牛，右为中央电视台主持人敬一丹

专门举行了仪式，她把资助款当场送给几名特困生和他们的家长，随后又对台下的学生们讲了一番话。

她说：“在咱们这个贫困地区，很多学生的家境都不太好。但我希望你们一定不要放弃梦想，只要坚持梦想，就连刘老师这样一个盲人也能写书出版。你们平时都看到了，为了实现梦想，我克服了多少困难。我还希望你们学会感恩。我最感恩的就是台下的你们，正是因为你们大家对我的包容和爱护，我才能做到我想做的事，才能帮到我能力范围内可以帮助的人……”

上千名学生肃然倾听，有的学生偷偷抹眼泪，等她讲完时全场响起暴风雨般热烈的掌声。

她说："老师看不见，但仍然热爱着这个美好的世界。你们愿意当我的眼睛吗？"

"愿——意——"学生们几乎是异口同声。

当然，也有人从文学技巧层面对《石榴青青》提出了批评。作为一本处女作，它在人物塑造、结构设计、语言运用等方面都还并不完美。刘芳对这些意见一一接纳，同时想，如果再写一部小说，我能不能把这些问题处理得更好些？

于是，从《石榴青青》出版两个月后的2014年8月6日开始，她提笔创作第二部长篇小说，题目早就想好了——《花开十年》。有了上一部的经验，这一部写得非常快，全部二十八万字，仅四个月就写完了，可谓一气呵成。

《花开十年》是《石榴青青》的续篇，写的还是井台中学那群年轻老师的故事，只不过他们纷纷步入了事业拓展、结婚生子的阶段，走向了更广阔的人生天地，时间跨度是1995年至2005年。这仍是一部女性视角的作品。所谓"花开"，指的就是女人逐渐成熟、如鲜花般绽放的季节。书中也写到了刘芳逐渐失明的过程，她眼底那朵"恶之花"的绽放也用了十年时间。

故事围绕着三个女主人公展开——"我"，刘思楠，一个坚守农村中学教学岗位的女教师，眼睛开始出现问题，视力每况愈下；黄小诺，"我"的密友，一个聪明而不太安分、为改变命运而一次次试图逃离农村中学的女教师；温箫语，"我"的另一个密友，一个遭遇爱情挫折和职场起伏的银行女职员，代表着学校之外的世界。小说的文风与《石榴青青》一脉相承，依然是"生活流"，由肥皂剧般的一连串细小故事组成，欢快、幽默、轻松、诙谐，带给读者的笑声更多。而作品的思想性、技巧性都比《石榴青青》有明显提升，人物性格更加鲜明，语言更加泼辣，写景、状物、叙事更加引人入胜，对现实的批判也更加深刻。

刘芳保持了一如既往的纪实风格，书中内容百分之八十以上都是真实的。她戏言：“我不创造故事，只是现实生活的搬运工。”她觉得，把自己身边发生的真实故事忠实记录下来，已经足够动人，足够好笑，足够发人深思。她首先还是因“有趣”而写作，有动于衷，不吐不快，而并没有抱着过高的期望。但同时也希望，以此来展现中国农村学校真实的一面，让一些有志于改善农村教育的人受到触动，愿意亲身加入到中西部教育行列中来。

而书中的校园也不再是一片用来回忆青春的世外桃源，更不像很多人理想中那样是“社会中最后一片净土”，它同样折射着市场经济大潮给中国社会带来的种种冲击。刘芳毫不避讳地揭露了一些不良甚至丑恶现象，“胡贝贝”的故事便是典型案例之一。

胡贝贝是刘思楠班上一个身世曲折、家境贫寒的女生，但她没有受到生活的牵绊，始终有着明确的奋斗目标——考出大山沟，改变自己的命运。她聪明伶俐、落落大方，学习成绩远远超过同班其他同学，是真正的“学霸”，有些孤傲，但对人总是一张阳光灿烂的笑脸。刘思楠很欣赏这个出类拔萃的孩子，从初一开始就让她当班长。

命运似乎在刻意考验这个女孩的承受能力，在她的人生之路上设置了一道又一道障碍。就在中考前两个月，她父亲在工地上出了事故，不幸去世。仅三天之后胡贝贝就返校读书了，刘思楠很意外也很担心。胡贝贝反而安慰关心自己的老师：“刘老师，您要相信我。您不是把我当自己的女儿吗？那您就应该相信女儿。您眼睛这么不好都能把我们教好，您在教我们克服困难呢。”胡贝贝把脸埋在老师胸口哭了，刘思楠也热泪长流。

刘思楠知道，对胡贝贝来说，要想转变命运，必须考上重点高中，进而考上好的大学，于是千方百计为她争取机会。中考发榜时，刘思楠乐得一蹦老高，胡贝贝考了全校第二！井台中学每年都有一个上市实验高中的名额，按照常规是给第一名，可今年中考第一名的学生自己不想去实验高中，那么，这个宝贵名额不就顺理成章给胡贝贝了吗？可是，往往很简单的事，一旦有人从中作梗，就变得不简单了。校务主任要把这个名额给自己的干女儿，还强词夺理地提出了一堆借口。

校长来了，拿出的解决办法是——抓阄。

抓就抓！刘思楠抓起一个团成小球的纸条，把视力极差的眼睛凑上去一看，啊，抓到了！她默念，老天爷，我再也不乱骂你了，你是好人，不，是好神！

这一下，胡贝贝去读实验高中应该是理直气壮啦！刘思楠帮着她办完了各种繁琐的手续，填好了一个又一个表格，报上名去，然后就是等待实验高中的入学通知。可是左等右等，直到暑假过完快开学了，还是没有等到。去实验高中一问，井台中学唯一的名额已经被人占掉了，是由学校领导亲自送来的推荐表，而且已经来报到啦，就是校务主任那个干女儿。

刘思楠和她的学生被人算计了，人家背地里玩了一出“狸猫换太子”！

她悲愤交加，带着胡贝贝去了另一所重点中学。这所中学的负责人看了看胡贝贝的成绩表，说：“这孩子成绩倒是不错，但是来我们这里要交钱的，一分钱也不能少。”他提出的那个数目，对这对贫困师生来说，几乎是天文数字。刘思楠转身就走，心里暗骂：这么好的成绩，这么乖的孩子，你们就看得见钱，看不见人呀，都瞎眼了呀！

刘芳的第二部自传体长篇小说《花开十年》于2016年9月出版
新华社记者吴平摄

随后，刘思楠把胡贝贝带到了自己的母校，一所厂矿子弟学校。尽管教学水平比不上前面两所重点中学，但这里也有不少学生考上了重点大学。一进校长办公室，刘思楠就说："校长，我把井台中学最好的学生送来了，请您收下她吧。"这位校长很爽快，了解了胡贝贝的成绩和家境，当场拍板，不仅收下她，还减免她所有的学费。

刘思楠哭了。她向来不求人，为了自己的好学生有个好去处，她求了。

第二天，胡贝贝就参加这所学校的军训去了。谁承想，事情还没有完。她军训刚结束，忽然又接到了实验高中的报名表，说她被重新录取了，让她赶紧去报到。

当时，这对师生不知道，胡贝贝的名额被“调包”一事被实验高中得知了，实验高中临时补了一张录取通知书。突然的改变让她们措手不及。胡贝贝面临着两难选择，一边是厂矿子弟学校的恩情，一边是实验高中的梦想，她该何去何从……

事实上，这是一个几乎百分之百真实的故事。胡贝贝的原型就是刘芳“教过的最优秀的学生”袁凤梅，她俩曾一起度过了那段艰难的日子。那段经历，让她们真切地体会到了人情冷暖、世态炎凉。

我们第一次去采访刘芳时刚过教师节，刘芳的手机里还留着袁凤梅发来的短信：“刘妈，感谢命运中出现了你。”袁凤梅后来考上了北京师范大学，毕业后回到贵阳，也成了一名中学教师。她告诉我们：“我最难的时候，刘妈始终陪在身边。她很少触碰我的伤心事，像阳光一样包容着我。”

我和同事李春惠、姚竣译、王全超、陈嫱去采访刘芳时，《花开十年》还没有出版，但她已经开始声名远扬了。我们的通讯、图片、微纪录片在2015年10月15日“国际盲人日”同步播发，让更多的人知道了这位非凡的残疾女教师。一个多月后，中国数家核心主流的媒体——包括《人民日报》、中央电视台、中央人民广播电台、《光明日报》、《经济日报》、《中国青年报》、《中国妇女报》、《农民日报》——纷纷对她进行报道，报道高潮一连持续数日。当年底，她入选新华社主办的“中国网事·感动2015”年度网络人物，并入围中央电视台主办的“感动中国2015年度人物”候选人。2016年9月，她被中共中央宣传部授予“时代楷模”荣誉称号，成为贵州省第二个获此殊荣的人。在贵州，教育厅号召全省教育工作者向她学习。她还被授予贵州省五一劳动奖章……

刘芳的故事正在中国传扬。“中国大山里的海伦·凯勒”甚至成了一个网络热词。数以千万计的人，都感受到了她传递的正能量。就在我写下这本小传时，她仍然在勤奋地教书，做报告，写文章。《花开十年》出版了，她又在构思下一部作品，可能不再以校园为题材，而是写她父辈的历史和传奇。刘芳自己就是一个传奇，熟悉她的人都在期待着她续写传奇。

嗯……既然刘芳也是“海伦·凯勒”，我就模拟海伦·凯勒的名著《假如给我三天光明》给她出了一个题目，约她写一篇《假如给我一天光明》。她的写作特点之一是快而精——不受噪音影响，沉入自己内心，即使从各种繁杂活动之中挤时间快速成稿，依然灵感闪烁，文采灿然。2015 年 11 月，她就是在这样的状态下拿出了以下这篇短文：

如果能给我一天的光明，那就太奢侈了！一天 24 个小时，1440 分钟，86400 秒，这么算，时间好像被拉长了。我一定喜极而泣，任由眼泪模糊了这个久别的世界和那些久别的人。

我会先去看看爸爸的遗像，给他一个微笑。他是在我怀抱里离开这个世界的，我要让他看看，我不是过得好好的吗？再看看妈妈的脸，估计我老了就是她这个样子，我会穿得比她还漂亮些。再好好看看我的家，每一张木板、每一块花布、每一颗铁钉，都是我去挑选的，只是，我从不曾见过家的模样。

我不会告诉任何人“我能看见了”这件事，不然亲朋好友嘘寒问暖呀，围观惊叹呀，太耽误宝贵的时间了。我还是会照旧挽着他们的胳膊，把熟悉的不熟悉的街道都走一遍，看看传说中的家乡的日新月异；牵着他们的手，把校园里的每一个角落走遍，听说迎春花的藤都长到墙外去了，听说宣传栏里没有了我的耕耘改成了固定的标语，听说新修的教学楼运动场很气派……

如果迎面有同事走过来，我就打招呼：“嗨，你今天看起来心情不错呀！”他一定表情难过而语气却假装轻松地回答：“对！就你是用心看我们的。看你眼睛亮亮的，总有一天你会看见的！”

嘻嘻，我一定不告诉他们，岁月这把刀子割得他们只剩下青春的尾巴了！

学生们换了好几茬，总有调皮的孩子猛地跳到我面前：“猜猜我是谁？”今天我会毫不犹豫地说：“金蝶呗。”她一定又惊又喜地跟同学们说，其实刘老师是看得见的。

我要去上一节课，一节看得见所有孩子表情和小动作的课。我不责怪他们，我会拿着语文书，在黑板上端正写上：“每一朵花都应该在属于她的季节里努力绽放。”

如果天气晴朗，我就把枕头被子抱到阳台上晒晒，拍拍它们。阳光里有很多灰尘在跳跃飞舞，我绝对不嫌弃它们。在我看来，每一颗灰尘都是有生命的小精灵。如果是雨天，我就静静地看雨，看它们斜斜地飘着，洗净天地也洗净我的眼。如果是阴天，我就等一阵风吹过窗纱，我在窗下看《读者》或者是《译林》，因为篇幅小，可以看好几篇呢。

我还要和闺密毛毛去我们常去的服装店，亲手帮她挑选一条裙子，给儿子挑选一套T恤和牛仔裤。如果很幸运的话我可以在街上碰到很多熟人，他们都习惯性同情地看我，热情地打着招呼。看到的都是真实的，听到的都是美好的，我想。

不管怎样，我都要抽空去拜访一个人。认识他十年了，谈了十年的贵州农村教育，感受他十年来反复破茧而出的痛苦和喜悦。听说他戴着眼镜，充满了睿智。

夜晚总会来临，但是没有人知道夜的黑不是看不见的黑，只是黑得看不清楚罢了。老公下班了，儿子放学了，吃妈妈做的饭，我要求自己夹菜，饭后抢着去洗碗，我们一起看娱乐节目。

我还想看看，微信长啥样呀？QQ 表情是什么？大数据怎么大？互联网“家”还是互联网“加”？我要偷偷发一个“偷笑”的表情给儿子，让他追问我到底发现了他什么秘密，说妈妈洋气嘞，会玩 QQ 啦……

夜深了，我不睡，太浪费时间了。我会独坐书房，看我以前写的东西，日记、教案、情诗。他们说我的字像男人写的，我都忘了，那就在日记本里写一笔：“闻茶香，你渴了；闻花香，你闲了；闻书香，你空虚了。”翻看老相片，看看前不久去过的北京天安门、白马寺、少林寺、庐山、井冈山、昆明世博园，让我再来一次身临其境。

从十七楼往下看街景，车灯如流星。我要借着微弱的光线看熟睡中的儿子，告诉他，十年了，妈妈终于又看见你了，既熟悉又陌生的面孔，模样像个天使。我会把剩下的时间都留给他，静静地看着他。最后一秒到来时，我会在心里对他说：如果生命对我来说是一场灾难，我也要在废墟上勇敢地开一朵小花，我看不见你，但是你可以看到我。

假如真的有这么一天，那我还会不会奢望乞求再给我一天？

（全书完）

2016 年 8 月 14 日 20 时 25 分，完成初稿于北京鲁谷

2016 年 10 月 25 日 8 时 36 分，审校于北京航天城

2017 年 2 月 12 日 23 时 41 分，终校于北京鲁谷